全民阅读新常态发展策略探索

王　宇　丁振伟　张艳伟　主编

海洋出版社

2016 年 · 北京

图书在版编目（CIP）数据

　　全民阅读新常态发展策略探索/王宇，丁振伟，张艳伟主编. —北京：海洋出版社，2016.1

　　ISBN 978 – 7 – 5027 – 9369 – 2

　　Ⅰ.①全…　Ⅱ.①王…②丁…③张…　Ⅲ.①读书活动 – 研究 – 中国　Ⅳ.①G252. 17

　　中国版本图书馆 CIP 数据核字（2016）第 161796 号

责任编辑：杨海萍　张　欣
责任印制：赵麟苏

海洋出版社　出版发行

http：//www. oceanpress. com. cn

北京市海淀区大慧寺路 8 号　邮编：100081
北京朝阳印刷厂有限责任公司印刷　新华书店发行所经销
2016 年 6 月第 1 版　2016 年 6 月北京第 1 次印刷
开本：787mm×1092mm　1/16　印张：9. 5
字数：166 千字　定价：36. 00 元
发行部：62132549　邮购部：68038093　总编室：62114335
海洋版图书印、装错误可随时退换

前　言

　　全民阅读工程，是中国新时期以政府主导、媒介推广、城乡互动、民众参与的一次文化浪潮。通过各个层面的整体推进，已得到广泛深入的发展，全民阅读活动的参与度和覆盖面不断扩大，形式不断推陈出新，阅读推广力量日益多元，极大地激发了民众的阅读热情，崇尚读书的社会风尚日益浓厚，全民阅读工程正在持续深入发展之中。高校图书馆是推动全民阅读活动的生力军，有责任有义务来支持和参与全民阅读活动，促进推广这项公益惠民文化工程建设，全民阅读的未来令人期待。

　　鉴于全民阅读活动的日益推进，一系列助推策略需要转型、创新和系统规划。为了推进全民阅读进入新常态发展的轨道，挖掘和探索各种相关对策以及各种积极力量共同推动全民阅读，我们组织策划了辽宁省社会科学规划项目"辽宁文化软实力与图书馆全民阅读研究"，本书即是该项目后续研究的部分成果，它的出版能为推进全民阅读活动深入持久发展、为建设书香中国提供正能量，对于加强全民阅读的理论研究和开拓全民阅读活动思路具有实践创意。

　　本书由沈阳师范大学图书馆王宇馆长、丁振伟副馆长及校宣传统战部张艳伟部长主编，十余位作者共同完成，他们是图书馆科研团队的中坚，科研能力强、充满正能量、承担过多项课题并发表多种科研成果。他们为本书的编写付出很大精力，每位作者分工如下：

　　王宇：负责统筹全书，提出全书编撰思路，撰写提纲，统稿，总校稿。丁振伟：完成第五章内容的编撰任务，初校稿。张艳伟：完成第九章内容的编撰任务，初校稿。王磊：完成第一章一、二节内容的编撰任务。杜辉完成第一章三、四节内容的编撰任务。史伟：完成第二章一、二、三节内容的编撰任务。王丽娜：完成第二章四、五节内容的编撰任务。丁学淑：完成第三章内容的编撰任务。李岩：完成第四章内容的编撰任务。朱莉：完成第六章内容的编撰任务。刘哲：完成第七章一、二节内容的编撰任务。胡永强：完成了第七章三、四节内容的撰写任务。刘偲偲：完成第八章一、四节内容的编撰任务。王帅完成第八章二、三节内容的编撰任务。车宝晶：完成第十章内容的编撰任务。孙鹏：完成第十一章内容的编撰任务。谷利：完成第十二章内容的编撰任务。在此对大家精诚合作、协同攻关的精神给予高度赞赏，对沈阳师范大学图书馆领导的鼎力支持以及本馆潘德利研究馆员的悉心指导一并表示感谢！

　　本书稿得以发表和出版得到了《图书情报工作》杂志社初景利老师的帮助以及海洋出版社的大力支持。作为全民阅读活动主要推动力量之一的出版社在推进全民阅读活动中，既是创导者，又是组织者和服务者。

　　本项目在研究过程中参考了大量国内外同行专家的研究成果，对他们所做的研究工作在此一并致谢！

　　由于作者水平有限，书中难免会有疏漏和不足，敬请专家、同仁、读者谅解，并欢迎提出宝贵意见。

编者

2016 年 5 月于沈阳师范大学

目　次

第一章　全民阅读推广思路与方法的转型

近年来，党和国家高度重视推广全民阅读，推出了一系列文化惠民工程，其中较显著的有农家书屋工程、全民阅读工程、促进西部少数民族群众阅读的"东风工程"等。全民阅读作为一项提高国民文化素质的基础工作，是提高国家文化软实力、增强综合国力的重要内容。2006年，由中宣部、中央文明办、新闻出版总署等11部委联合倡导开展全民阅读工程，并成立全民阅读组织协调办公室，推动全民阅读活动在全国各地蓬勃发展。全民阅读活动开展以来，各地组织了读书节、读书月、读书周、阅读日等活动，涌现出一大批品牌活动，产生了广泛的社会影响。全民阅读活动经过近10年的发展，已取得长足的发展，收到良好的效果。目前，全民阅读推广工作已成为国家战略，正在向深度和广度推进，因此，在传统式组织活动基础上，如何创新推广思路，拓展组织活动方法，全社会多角度推进书香社会建设，是今后一段时间的工作目标，旨在更好地推进全民阅读、建设书香社会。

一、全民阅读推广及其发展现状

（一）全民阅读活动的缘起

阅读对人成长具有重大的影响，一本好书往往能改变人的一生，而一个民族的精神境界。在很大程度上取决于全民族的阅读水平。在知识经济与信息经济时代，阅读能力还是国家文化软实力和综合国力的核心元素之一。正是意识到推广国民阅读的重要性，联合国教科文组织于1972年提出了建设阅读社会的目标，1995年把每年的4月23日定为"世界阅读日"，在全球范围内推进阅读工程。世界上多个国家以这一天为中心，大力推进国民阅读工程，把促进国民阅读当做国策来抓，实行文化强国战略。自1995年起，美国相继提出了"美国阅读挑战"、"卓越阅读方案"、"阅读高峰会"等计划，并不断推动以立法的形式将早期阅读能力培养制度化，成立了国际阅读协会及全美阅读小组等专业机构，从事早期阅读的相关促进工作。英国政府为了营造读书环境，曾创造性地将读书周延长为阅读年。通过阅读年，政府拨出专款，为全国中小学图书馆购置大量图书，同时在小学每天开设一小时的阅读课程，专门用来提高读写能力。此外，法、日、德、俄等许多国家都设立了全国性的读书机构和读书活动，如日本有"读书协会"、"日本读书周"，法国有"图书节"、"图书与阅读月"。近年来，通过开展阅读节活动来促进全民阅读已成为世界各国比较普遍的做法，中国的各种读书活动源于此。

（二）中国全民阅读活动的发展

1. "振兴中华读书" 活动

在中国，倡导国民阅读，提高国民文化素质，一直受到党和政府及社会各界的高度重视。上世纪80年代，伴随着思想解放、改革开放和社会主义现代化建设的时代大潮，上海市率先开展了"振兴中华读书活动"。1982年3月，上海市总工会、解放日报社、共青团上海市委员会、上海市新闻出版局在上海职工读书活动的基础上，共同酝酿掀起一个读书活动的新高潮。同年4月，上海市成立振兴中华读书指导委员会，重点组织开展读书活动，提升上海市民素质，创建学习型社会。读书活动开始就以人生观、世界观教育为核心，以读中国近代史、中国革命史、社会发展史"三史"为重点；以"自愿报名、自学为主、自由组合、自选书目"为读书活动原则；以"干什么、学什么、缺什么、补什么"为主要内容；以"岗位读书、岗位成才"为宗旨的群众性读书活动在上海兴起，这标志着振兴中华读书活动进入一个全新的领域，并开始确立在社会化大教育格局中的独特地位。如今，上海振兴中华读书活动与全民阅读高度融合，距今已有30多年，他们与时俱进，不断适应社会、企业、职工和市民的需要，紧紧围绕学习型城市建设和构建和谐社会的要求，锐意进取，开拓创新，进而成为学习型城市的标志项目，群众性文化的经典品牌[1]。

2. "中国青少年新世纪读书计划" 活动

上世纪90年代，各种大型青少年读书活动风起云涌，这些活动不仅内容丰富、形式多样、而且持续坚持很好。1993年由中宣部、教育部、新闻出版总署和全国妇联联合发起的"全国青少年爱国主义教育读书活动"。该活动吸引了3.6亿人次青少年参加，各地坚持读书与活动融为一体，寓教育于各种活动之中，成为在全国青少年中参加人数最多、持续时间最长、教育效果最好的读书活动，迄今为止已经举办过 21 届。1998 年 12 月，共青团中央联合中宣部、教育部、科技部、文化部、广电总局、新闻出版署、中国科协、总政组织部共同发起了"中国青少年新世纪读书计划"。这项活动以共青团组织为主导，旨在通过社会化和市场化方式运作，组织青少年开展读书活动并为他们读书成才提供服务，不断提高青少年的思想道德素质和科学文化素质。该计划主要内容包括：①着力形成良好的读书导向，引导青少年多读书、读好书；②大力开展主题读书活动，广泛吸引青少年参与；③积极构建读书网络和阵地，推进读书计划的事业 化发展，努力为青少年读者提供扎实有效的服务；④实施助学行动，为青少年读书成才服务[2]。

3. 全国"知识工程"活动

"知识工程"是以发展图书馆事业为手段，以倡导读书、传播知识、推动社会文明与进步为目的的一项社会文化系统工程。这一做法由广西壮族自治区首倡，他们自 1994 年起在全区开展"知识工程"活动，收到了很好的社会效果。1997 年中宣部、文化部、新闻出版总署、全国总工会、共青团中央、全国妇联等九个部委联合发出《关于在全国组织实施"知识工程"的通知》，启动实施了"倡导全民读书，建设阅读社会"的"知识工程"。随之成立了全国"知识工程"领导小组；提出开展"知识工程"活动的四点要求；印发了全国"知识工程"实施方案。《方案》中明确规定了从 1997 年到 2010 年活动的总体四大目标：①形成全社会爱书、读书、利用图书馆的良好风尚，提高全民族的思想道德素质和科学文化素质。②完善图书馆布点及条件建设，使图书馆网点遍及城乡各地。③把知识送到农村去，提高广大农民素质，为科教兴农贡献力量。④提高各级各类型图书馆的服务质量、服务水平与服务能力，发挥图书馆在两个文明建设中的作用。

同时制定了六条实施措施，明确由全国"知识工程"领导小组负责组织管理工作。在知识工程实施过程中，全国各级各类型图书馆逐步实现了由封闭型向开放型、内向型向辐射型的转变，变被动服务为主动服务，使图书馆的科学、教育、文化、信息等职能得到充分发挥[3]。

4. 创建"学习型社会"

中国于 2002 年 11 月党的十六大把建设学习型社会，列为全面建设小康社会的重要目标，由此拉开了中国创建学习型社会的帷幕。所谓学习型社会，就是有相应的机制和手段促进和保障全民学习和终身学习的社会，它包括学习型公民、学习型组织、学习型城市、学习型政党和学习型政府等内容。其基本特征是善于不断学习，形成全民学习、终身学习、积极向上的社会风气。其核心内涵是全民学习、终生学习。在创建学习型城市及各类学习型组织中党委政府是领导主体，各个部门是创建职能的管理主体，其中教育主管部门是各类教育的综合领导部门，基层政权组织及单位则是组织实施的主体；在党委政府领导下，上下各方协调沟通，统一部署，分工落实，将实现创建各类学习型组织的工作推向深入。在学习型社会构建过程中，全国从社会主义现代化建设的高度，认真学习理论，扎实做好工作[4]。通过各级部门的认真部署和实践，推进了学习型社会形态的进一步深入发展。创建学习型社会与全民阅读是相辅相成的关系。创建学习型社会离不开全民阅读。

5. 多部门联合倡导的"全民阅读"

在 2006 年"世界图书日"到来之际，中宣部、中央文明办、新闻出版总署、文化部、教育部、解放军总政治部宣传部、中华全国总工会、共青团中央、中华全国妇女联合会、中国作协发布《关于开展全民阅读活动的倡议书》，倡导全民阅读。2009 年 4 月 23 日，温家宝总理专程到商务印书馆和国家图书馆参加"世界读书日"活动，并提出"读书决定个人的修养和境界，关系一个民族的素质和力量，影响一个国家的前途和命运。一个不读书的人、不读书的民族，是没有希望的"[5]。2009 年 5 月，习近平主席在中央党校2009 年春季学期第二批进修班暨专题研讨班开学典礼上，作了题为《领导干部要爱读书读好书善读书》的重要讲话，指出："领导干部要爱读书、读好书、善读书，推动学习型政党、学习型社会建设"[6]。党和国家对读书问题的高度重视进一步掀起全国读书活动新高潮。在党和国家领导人的直接参与和推动下，全民阅读活动开展得越来越活跃，从中央各相关部委到全国 31 个省、市，都开展了大量的阅读活动。据不完全统计，约有 400 多个城市自发开展了读书节、读书月等活动，从而使全民阅读的观念深入人心，读书的氛围日益浓厚。2009 年，长沙等一批城市开展了首届读书节活动，广州、深圳、苏州、杭州等一些城市在连续举办多年读书节的基础上，将读书节活动掀起新的高潮。读书节成为盛大节日，读书游园会、晒书大会、图书漂流、市民书屋、机关读书会、诵读经典活动等一些创新性读书活动在各地涌现并受到读者热烈追捧。

6. 全民阅读活动的深入推进

随着社会各界对读书活动认识的不断深化，促进阅读，提升城市品位，成为各地促进阅读的共同认知，读书活动在全国各地风起云涌，全民阅读进入大发展的历史时期。2010 年至 2011 年，全民阅读活动作为促进建设书香社会、提高国民文化素质、拉动文化消费的重要举措，进一步得到了社会的广泛认可。各级政府、教育界、出版界、图书馆及民间阅读组织等成为推动阅读的主要力量。在历年经验积累的基础上，全民阅读活动的举办方式得以丰富与开拓，社会影响和参与范围继续扩大，活动所取得的成效，进一步彰显了社会转型时期倡导阅读对文化建设和文化引导的战略意义。2012 年以后，全民阅读推广工作进入了社会平台化运作的新阶段。全国各省、自治区、直辖市都建立起特色的全民阅读推广活动，内容丰富、形式多样、方法灵活，全民阅读推广工作呈现出以人为本的个性化价值取向、与时俱进的数字化发展取向以及全民参与的多元化价值取向。

2014 年 4 月，中国新闻出版研究院组织实施的"第十一次全国国民阅读调查"结果显示，2013 年中国国民阅读的主要表现：①2013 年中国成年国民图书阅读率稳步上升，各媒介综合阅读率上升为 76.7%，较 2012 年上升了 0.4%。②与 2012 年相比，纸质图书、电子书的阅读量略有提升，报纸和期刊的阅读量均有所下降。成年国民人均纸质图书和电子书合计阅读量为 7.25 本，比 2012 年上升了 0.51 本。③中国成年国民每天接触传统纸质媒介时长均有不同程度的减少；新兴媒介中，上网时长和手机阅读的接触时长呈增长趋势。④2013 年中国成年国民的网络在线阅读、手机阅读和电子阅读器阅读均有所上升。⑤中国成年国民对图书、期刊的价格承受能力与去年基本持平，电子书的价格承受能力略有下降。⑥有数字化阅读行为的成年人中超过九成为 49 周岁以下人群，六成以上国民倾向纸质阅读方式。⑦超五成的成年国民认为自己的阅读数量较少，六成以上国民希望当地有关部门举办阅读活动。⑧0—17 周岁未成年人图书阅读率为 76.1%，未成年人的人均图书阅读量为 6.97 本，较 2012 年提高了 1.48 本。⑨在0—8 周岁有阅读行为的儿童家庭中，平时有陪孩子读书习惯的家庭占到86.5%[7]。根据本次阅读调查结果中成年国民图书阅读率、媒介综合阅读率、数字化阅读率、人均纸质阅读量等数字，可以看出全民阅读整体呈现良好发展态势，阅读习惯呈现变化趋势。但是与一些国外发达国家相比，中国国民的阅读水平还相对较低，在全民阅读的推广工作中还存在很多问题亟须解决，需要国家、社会及全体国民共同努力，从总体上促进国民素质及国家文化软实力的提升。

（三）全民阅读推广现实存在的问题

总体看来，目前中国全民阅读推广工作存在着重视短期效果，忽视长远规划，可持续性弱等特点，主要表现在以下几个方面：

1. 缺乏国家层面的全民阅读组织机构

阅读推广涉及面广，需要强有力的组织机构来调动社会各种资源，提高推广活动的系统性，效果才会更加显著。美国成立了全国性的"国际阅读协会"及"全美阅读小组"等专司阅读的组织机构，从事全民阅读的促进工作，美国出版商协会负责畅销书排名，组织图书评奖，研制阅读书目并举办各种阅读推广活动。日本建构专门的"读书协会"，经常举办"日本读书周"之类的全民阅读活动。中国的全民阅读活动近年主要由国家新闻出版总署负责，也成立了全民阅读活动组织协调办公室，统一组织管理全民阅读活动，推动了全民阅读活动的广泛开展。但该办公室层级较低，权威性不够，缺乏社会资源协调与整合的力度，虽然各地全民阅读推广活动内容不断丰富，但仍显组织不够有序，实施不够深入，缺乏可持续发展机制。

2. 国家读书节一直未能建立

设立"国家阅读节"源于今天的全民阅读现实，虽然许多人大代表、专家学者连年提议案呼吁和呐喊设立"国家阅读节"，从 2006 年全民阅读倡导以来至今近 10 年的光景迟迟不能建立，不利于各级政府重视全民阅读，不利于媒体宣传推广全民阅读，更不利于读书理念植根于广大民众心中。目前中国全民阅读正面临许多问题，在综合国力不断提高，人民群众生活不断改善的背景下，国民阅读情况却不尽如人意，国民阅读率比较低。从历年的全国国民阅读调查结果来看，中国国民年人均阅读图书和人均图书消费均不容乐观，低于韩国、法国、日本、以色列、德国等国。尽管中国每年出版图书数量已经位居世界第一，但国民阅读指数并不高，甚至有"中国人不爱读书"令人尴尬的说法。从大文化背景来说，阅读，尤其是真正意义上的文化阅读，正在受到商业物质主义的冲击和挑战，这是令人倍感焦虑和困惑的。读书关系到一个人的思想境界和修养，关系到一个民族的素质，关系到一个国家的兴旺发达。一个不读书的人是没有前途的，一个不读书的民族也是没有前途的。设立"国家阅读节"就是出于这样的文化与精神共识。

3. 全民阅读推广无法可依

世界上许多国家都以立法的形式来保障和推进全民阅读。如美国的《卓越阅读法》和《不让一个孩子落后法案》、日本的《关于推进儿童读书活动的法律》和《文字印刷文化振兴法案》、韩国的《图书馆及读书振兴法》和《读书文化振兴法》、俄罗斯的《民族阅读大纲》等。这些法规的制定都紧密结合本国具体实际，对本国国民读书活动推动作用极大。中国系统开展全民阅读推广活动的历史较短，目前尚没有对全民阅读立法，虽然有一些地方性的阅读推广规划文件，但缺乏系统性和持续性。例如，推荐书目虽是阅读推广的重要方法，但书目编制需要科学研究，切不可沦为商业工具；目前全民阅读研究机构之间的交流沟通不足，阅读研究的学科交叉不够；阅读学的学科定位不够清晰，学科地位尚未得到学术界的广泛认可；对一些具体的学术问题，诸如数字阅读的积极作用和负面影响研究还不够深入。所有这些问题，都需要制定全国性质的阅读规划，指导全民阅读活动的开展。中国的全民阅读是一项系统工程，建立国家全民阅读法规，通过立法赋予推广全民阅读的合法地位，保障实现全民阅读的实质性推进，符合中国读书的国情，不仅需要，而且必要，更是当务之急。

4. 缺乏国家阅读基金

世界上许多国家通过公共财政提供资金设立国家阅读基金，推进国民阅读的持续深入开展。如1992年英国成立的图书信托基金会，每年由国家财政投入资金并吸纳社会慈善资金，开展以"阅读起跑线"为核心的全民阅读；德国在1988年成立德国促进阅读基金会，其历任名誉主席都由德国总统担任；俄罗斯也在1994年建立俄罗斯读书基金会。此外，美国、保加利亚、日本、韩国和泰国等很多国家也都设立了各类阅读基金会或国民阅读扶持工程。在中国全民阅读已经开展10余年，可喜的是近年地方发起成立了几家，如广东省的南方阅读公益基金会，是首家致力于推动中国青少年公益阅读活动的专项基金；深圳市爱阅公益基金会、深圳市天图教育基金会、陕西纯山教育基金会等，国家层面的全民阅读公益基金会一直没有建立，更没有用于全民阅读的公益基金，这不能不说是一种遗憾。

二、全民阅读推广思路的升级

（一）坚持以人为本的人性化

全民阅读推广必须坚持以人为本，注重推送，加强引导，在锁定读书爱好者上下工夫，让更多的人了解为什么阅读需要推广以及阅读正在怎样推广，最终落实到调查、总结和提升的用户行为调研上。阅读推广工作过程中不能忽略阅读群体分类，群体不同，阅读取向、目标和目的都不相同，一概而论很难奏效。在引导和发展读者个性化阅读方面，图书馆还需要进一步做好工作。

1. 开展民众阅读教育

目前许多民众对为什么开展全民阅读没有足够认识，读书意识还很淡薄，一般家庭基本很少购书投入，用于读书的时间更少之又少，导致利用图书馆文献资源能力也比较差。因此，全民阅读推广要重视民众阅读教育。要让民众认识和了解全民阅读的作用与意义，对读者进行阅读道德和阅读方法教育，以及图书馆使用方法和文献检索教育等。开展读者教育的目的就在于提高读者信息素养，促进读者的个性化阅读，让读者通过各种有效的方式方法自我满足文献信息需求。

2. 做好网络导读工作

莱辛曾说："一本大书，就是一桩大罪。"这表明，阅读是需要指导的，减少其无序性和盲目性。无论是传统的纸本阅读，还是时下流行的数字阅读，图书馆都应该做好导读工作，如编制推荐书目或导读书目，针对网络阅读建立网络导航等。推荐书目或网络导航要体现文献信息的及时性，并结合读者的专业、兴趣爱好和文化程度等因素，选择最优秀、最基本和最必需的文献信息，有针对性地满足读者阅读需求。建立好各级全民阅读网站，发挥网站的作用，充分利用网络指导全民阅读。

3. 加强文献资源建设

开展全民阅读，文献资源建设是保障前提，只有建设丰富的纸质资源和数字化资源才是开展全民阅读活动的坚实后盾。为了更好地开展推广全民阅读，图书、期刊、报纸等纸质资源以及各种文献数据库等数字化资源是越齐全越好，尤其是地方特色文献资源建设更有意义。各地公共图书馆要重点建

设和形成若干特色文献专藏。地方文献资源建设，是公共图书馆建设的重要
内容。地方特色文献资源建设的内容可包括地方政治、经济、文化和风俗民
情等资源。

4. 强化阅读服务意识

作为全民阅读推广服务部门，要更新和强化阅读服务意识。"服务"是图
书馆永恒的话题，也是其赖以存在的生命线。图书馆应强化全民阅读服务意
识，将民众读书摆在首要位置，一切工作都应围绕服务阅读展开。敞开大门，
热情服务，尽可能地为所有读者提供便捷细致的服务，尤其是针对老弱病残
等弱势群体，更要体现人性化服务。而馆员素质高低对图书馆服务有着重要
影响，也与图书馆的持续性发展紧密相连。促进个性化阅读的发展，需要馆
员较高的思想素质、职业素质和专业素质，只有全面提升馆员的自身素质才
能更好地推动社会阅读的发展[8]。

（二）实现全民阅读的多元化

"倡导全民阅读，建设书香社会"需要我们每个人的参与，因为这本身就
是一个"全民总动员"的过程。无论是在政府层面对全民阅读战略的制定，
还是相关机构对阅读的倡导，亦或是家庭对阅读氛围的营造，全民阅读需要
一点一滴的积累，以更为丰富多彩的形式深入人心，最终才能化茧成蝶。随
着图书馆事业的蓬勃发展，应对读者服务理念进一步深化。为了让广大读者
更好地利用图书馆，各地图书馆积极响应国家号召与各种政策，紧跟时代步
伐，恪守公共图书馆的社会职责，充分发挥馆藏和各种媒介的海量资源。通
过网络化开放式服务、多馆联盟资源共享等服务模式满足广大读者的需求；
创办丰富多彩的读书活动，打造文化讲座品牌；创建总分馆制服务模式，搭
建网络信息平台；开展送书、好书导荐、文化展览、电影展播、读者调查、
专题服务等活动，把图书馆的服务和资源延伸至城乡各地，提供给社会各阶
层读者。各图书馆在追求利民的同时，还要不断更新活动形式，根据自身优
势开展特色活动，如定期组织周边学校的学生参观图书馆；向周边的乡镇
（街道）综合文化站、村（社区）活动室及市民免费赠予阅读卡；设立读者
体验区，让读者推荐馆藏活动；爱心义卖活动，故事会、读书会、送书下乡、
图书漂流以及借助网络平台建立虚拟QQ阅读社群等，加强群众与图书馆直接
的接触，让读者参加其中、乐在其中，更加全面地了解并利用公共图书馆多
元化的服务功能。

（三）注重与时俱进的数字化

随着全球数字化迅速发展，媒体格局转变，互联网、移动互联网等新兴媒体逐渐成为人们获取信息的主要途径。截至 2014 年 12 月，中国网民规模超过 6 亿；手机网民规模逐渐壮大，达到 5.57 亿[9]。庞大的用户规模为数字阅读的发展创造了良好广阔的市场空间。在 2015 年"两会"的政府工作报告中，李克强总理提出中国将实施"互联网＋"行动计划，借助互联网应用、移动互联网、云计算、大数据、物联网等现代技术挖掘和拓宽新的产业经济增长点。同时，总理再次提及"全民阅读计划"，并明确表示，会继续把"全民阅读"写进政府工作报告，期望全民阅读能够形成一种氛围，无处不在。这无疑给数字阅读产业极大的信心和政策支持。随着科技不断发展，数字阅读以其便捷的优势，吸引了越来越多的读者，也成为未来的发展趋势。然而对于"互联网＋阅读"的大热，著名作家梁晓声发出了不同的声音。作为国内最早拥有电脑的作家之一，他却至今坚持用笔写作，坚持传统纸质阅读。他认为传统阅读是无法取代的，完美的阅读方式应是二者的结合，既享受数字阅读带来的便利，也要继承传统阅读的优势，能在时代的匆匆脚步里静下心来，沉淀下来，深入思考。

以网络阅读为代表的数字化阅读方式的兴起，给传统阅读的发展带来了冲击，也带来了一定的机遇。数字化阅读为读者提供了一种全新的阅读体验，与传统阅读是相辅相成的，共同构成人类阅读的两股力量。传统阅读的价值与历史作用，是新型的数字化阅读不可替代的，数字化阅读的优势也是传统阅读无法比拟的，数字化阅读无法完全取代传统阅读，然而不可否认的是，数字化阅读将成为人类阅读的主流。传统阅读也好，数字化阅读也罢，都只是阅读工具而已，关键的还是在于内容的选择。郝明义在《阅读的风貌》一书中提到，在阅读的世界里，使用传统的纸本书籍，像是步行走路；使用网络，像是驾驶汽车。有了汽车，没有理由不使用这种交通工具的方便；但有了汽车之后，也不表示每个人都不需要走路。重要的是如何适当地交互使用。无论是传统阅读，还是数字化阅读，归根到底只是"方式"的不同，重要的还是要看阅读的"内容"。不管通过哪种阅读方式来阅读，书籍出版的本质是不应该改变的，书籍依然是承载传播信息、承载文明、资政育人、服务社会职责的大众媒介。

（四）促进阅读推广的常态化

1. 强化权力机构是有力保障

没有规矩，不成方圆。推广全民阅读是一项系统的、复杂的知识工程，是全社会的行为，仅靠图书馆"单打独斗"是不行的，政府应占据主导地位，形成政府负责、社会协同、公众参与的社会阅读管理格局和服务体系，发挥各方面的职能作用：一是政府要建立相应的权力机构和相关政策；二是赋予图书馆一定的开展活动的权利，比如涉及有关部门的支持、人财物等问题；三是图书馆内部的机构设置要适应政府的机构设置需要且固定乃至长久不变，保持稳定性。主管权力机构要与时俱进，充满活力，营造氛围，通过多渠道的宣传和互动，为读者营造一种阅读无处不在的"书香社会"氛围。

2. 强化品牌效应是发展动力

图书馆推广全民阅读活动要系列化、新颖化、亲民化、制度化。阅读是非常个性化的事情，图书馆应尊重市民阅读方式，满足市民个性化阅读需求，把市民的需求作为阅读活动的诉求，把外来务工人员纳入阅读辐射范围，发展民间阅读组织，将市民认知率转化为参与率，拓展阅读新领域，丰富阅读新形式，占领新阅读前沿阵地。开展儿童阅读、亲子阅读、学生阅读、青工阅读、主题阅读、图书漂流、读书俱乐部、书友会、读书沙龙、读书知识竞赛、读书演讲比赛或读书征文等系列活动并形成品牌，活动要经常化、制度化，真正让老百姓接受和参与，激发人们的读书热情与创作激情，并从中获得快乐，创造条件满足他们的阅读渴求，努力提高他们的文化素养和幸福指数。走生活化的"亲民"路线，营造良好的阅读氛围，力求让读者感受到阅读活动始终在身边，活动是因其而办，内容是投其所好。

3. 强化网络阅读建设是重要手段

全民阅读除了图书、期刊、报纸等实体资源外，还包括各类订购的数字资源、基于网络的免费资源、联盟间的共享资源等，能够将这些资源有效的整合并通过门户网站进行集成，依托三网融合的技术基础，通过网络、数字电视、智能手机等多种途径和设备向广大民众提供服务，将会极大的促进提高全民数字化阅读的价值和作用。网络是推广阅读服务的重要工具，既要重视网络对好书的介绍，让好书走近广大读者，又要加强自身网站的建设，宣传网页力求做到图文并茂、生动活泼，将精彩呈现给读者，从而产生巨大的震撼性和强烈的感染力，唤起读者阅读全书的欲望。另外，要加强与新闻出版、教育、媒体、社区等部门的网络对接，形成触角广泛的读书网络，使之资源共享，共同营造读书气氛[10]。

三、全民阅读推广工作方法的转型

（一）加快公益性图书馆体制改革

1. 构建覆盖全社会的公共图书馆服务体系

据不完全统计，目前中国共有达标公共图书馆近 1 600 个。调查发现，这些资源建设完备的大型公益图书馆，多数未能从责任主体、实施主体、服务对象、服务标准、有效途径等层面来推进全民阅读普遍均等服务的有效实施，一些馆每年只是应景似的举办一次全民阅读活动，活动过后仍是传统式的坐等读者上门，各级图书馆之间"各扫门前雪"。如何将数量如此庞大的公共图书馆群发动起来，加快构建覆盖全社会的图书馆服务体系，是当前图书馆界，特别是公共图书馆面临的最大问题。最有效的措施是构建以国家图书馆为龙头，各省、市、县（区）辅助的公共图书馆服务保障体系。国家图书馆负责制定政策、规划服务项目及操作程序等；各省设分级中心，负责落实政策，以及根据本省的具体情况制定措施，同时指导市、县（区）、乡镇图书馆具体负责服务工作的落实。通过构建公共图书馆完善的服务体系链，让人力资源、文献资源广泛的活动起来推进全民阅读，解决图书馆文献资源利用率下降与人民群众无书读的矛盾，切实体现公共图书馆的公益性，满足社会群体阅读的基本需求。

2. 加快公益性图书馆的体制改革

目前，中国公益性图书馆体制存在许多弊端：一方面，公共图书馆行政色彩浓厚、公益性本质模糊、服务质量低下、资源严重浪费，社会供需不足；另一方面，长期以来重经济轻文化现象的存在，致使边远地区、经济落后地区文化建设投入严重不足，基础设施相当薄弱，这些状况与人民群众日益增长的精神文化需求相悖。因此，只有进行公益性图书馆改革，才能改变现状。如深化人事制度改革，全面推行人员聘用制、考核制，建立充满生机和活力的人事管理新机制；县（区）图书馆、社区图书馆、综合性乡（镇）图书馆（室）等作为公益性事业单位，不得企业化或变相企业化，不得以拍卖、租赁及临时占用等任何形式改变其公益性功能；县、乡图书馆（室）要把工作重点放在社区、农村基层，制定年度公民阅读和公益文化项目实施计划，明确服务规范，改进服务方式，开展阅读推广服务等。

3. 努力实现公益无偿性服务

众所周知，公共图书馆属于公共物品，是由政府通过全民税收支持其经费开支而面向全民开放，免费为全民所利用的文化教育机构。因此，公共图书馆必须坚持公益性原则。随着图书馆服务理念的不断变革，公共图书馆的各项服务正逐步体现公益性，但做到完全免费开放和无偿服务还有一段距离。例如，一些图书馆查阅文献仍然按数量（或次数）收费，没有办证的读者一般都要拒之门外等。这些做法都极大地挫伤全民阅读的积极性，也是图书馆阅读率下降的因素之一。图书馆应抛弃传统服务观念，积极主动开展阅读推广，创新各种服务手段，努力实现公益无偿性服务。同时，对于众多长时间处于高强度体力劳动的弱势群体来讲，他们的知识储备和阅读技能相当欠缺。因此，图书馆应该对他们进行最长远、最根本的文化救助，他们是全民阅读推广的重要主体。公共图书馆应建立免费教育的理念与实践，使他们能以"零投入"获得知识和信息。各级图书馆可凭借丰富的文献资源和良好的硬件条件，结合社会热点和市场需求，加大对文化弱势群体的培训力度，量身定做各种培训班，经常开办各种讲座，体现党和国家文化惠民的政策。

4. 加强对农家书屋的指导与帮扶

党和国家为切实解决广大农民群众"买书难、借书难、看书难"的问题，从2007年3月开始在全国实施"农家书屋"工程。"农家书屋"是在行政村建立的、农民自己管理的、能提供农民实用的书报刊和音像电子产品阅读视听条件的公益性文化服务设施，其主要任务是为广大农民提供学习知识、提高自身素质、改变自身命运的文化平台。各级图书馆应根据自身条件为"农家书屋"建设提供业务上的指导和技术上的支持，帮扶农家书屋在实现传统服务方式运转基础上，向数字化信息化方向建设发展，协助他们建立信息资源共享平台，指导他们开展各项读书活动，引导他们多读书、读好书，满足广大农村群众最基本的精神文化需求和日益增长的文化消费需要。农家书屋急需全社会的帮扶，帮扶农家书屋发展也是公共图书馆的用武之地。

（二）加强策划开展分众阅读指导

1985年，日本研究机构出版的《分众的诞生》一书正式提出"分众"概念，大众社会正被个别化、差异化的小型群体所取代。中国人迅速引入了此概念，将传媒新的发展阶段概括为"分众传播时代"。2008 年 1 月，中国网的读书频道发布了以"2007 中国阅读：分众中的成长"为题的评论文章，指出出版业应当迎合特定群体的消费需求，打造分众阅读消费市场。一个崭新的分众阅读时代由此诞生，分众指导阅读也就势在必行。

1. 推广分众阅读指导及其意义

分众阅读指导，是将阅读"大众"进行划分，根据不同的文化需求将其定位为不同的消费群体。"阅读"是一个共性的文化概念，带有强烈的个性色彩。有些书是大众都能看也喜欢看的，但有些书则是有些人喜欢看有些人不喜欢看，或有些人看得懂有些人看不懂的。这里既有文化程度和专业素养的差异，也有职业需要和兴趣爱好的问题。所以，阅读会自然形成分众。中国改革开放 30 年的阅读状况，印证了由大众阅读走向分众阅读的一个过程。特别是近十年，阅读的分界比较明显，有人喜欢通俗小说，有人热衷励志、财经类，也有人青睐哲学、文史类的书籍。分众阅读主要针对不同类型的读者群体，根据学业背景或职业经历以及个人兴趣推荐阅读参考书目，如教师阅读书目、法律工作者阅读书目、医务工作者阅读书目、营销人员阅读书目等等。推荐书目中既分不同专业及个性选择，也有共性的人文选择；不仅注重阅读的实用性，还要注重阅读对心灵的指引，更要看重阅读对孩子的影响。强调分众阅读，并不是不需要大众阅读，理性的分众阅读应该是建立在大众阅读的基础上的，这种大众阅读的基础，就是常识阅读，是指阅读一些关于公民常识的书，诸如法治理念、自由平等理念这一类的书籍等。分众阅读的需要，从宏观上看，它不仅体现了个性张扬和人文关怀，而且营造了"百花齐放、百家争鸣"的文化格局，促进了社会多元化的发展；从微观上看，它满足了不同层面的阅读需求和兴趣爱好，能让更多的人拥有自己喜欢看或对自己很实用的书，则必将更好地促进和推动全民阅读。因此，由大众阅读走向分众阅读是一种必然的趋势。

2. 重视城市幼儿、青少年的阅读指导

目前，中国有 3 亿多的未成年人，每年儿童图书的发行量是 4.6 亿册，未成年人人均拥有图书 1.3 册，是日本的 1/40，是美国的 1/30[11]。未成年人阅读不仅关乎个人的成长，更关乎国家和民族未来的发展。如何在社会上宣传幼儿、青少年阅读的重要性，扩大未成年人阅读的影响力，使阅读成为一

种习惯和风气，是全社会迫切需要解决的一个问题。促进未成年人阅读质量的改善，关键在于国家政策扶持、氛围营造和资金注入，政府应该把未成年人阅读视为和国家经济发展同等重要的位置。各级政府部门应出台政策，加强舆论宣传，高效组织未成年人阅读活动，营造良好的社会阅读氛围，使社会大众普遍建立起早期阅读的观念，为开展未成年人阅读活动创造有利条件。在媒介多元化环境下，未成年人的阅读观在不断地发生变化。分众阅读要求按照不同年龄段的智力和心理发育程度为未成年人提供科学的阅读计划，提供科学性和有针对性的阅读图书。青少年在不同成长时期的阅读性质和阅读能力是完全不同的，因此要从小培养孩子好的读书习惯，激发他们对读书的热情，是实现全民阅读的根本措施。实践证明，分众阅读可以有效激发儿童阅读兴趣，促进儿童阅读群体增加，提高儿童的阅读水平。在实施分众阅读的公共图书馆中，喜爱读书的儿童可以得到更科学的阅读指导，更准确快速地获取所需书目，更加有的放矢地阅读；排斥读书的儿童也可以通过馆员及家长的引导、馆舍的布置和各种吸引眼球的阅读活动而慢慢爱上读书。

3. 加强农村留守儿童和失学青少年的阅读指导

随着数千万农民进城务工的同时，他们把尚未成年的孩子留在家乡，由此产生了"农村留守儿童"这个特殊群体，更由于缺乏监护导致这个群体中失学的人数日益增多。这些留守儿童和失学青少年是社会中特殊的弱势群体，其阅读状况和阅读权利不容忽视。目前农村留守儿童的阅读状况令人担忧，许多农家书屋文献资源匮乏，服务不到位，以致他们无书可读，阅读需求得不到满足。由于缺乏有效的阅读指导，这些留守儿童和失学青少年的阅读处于盲目、无序和低效的自发状态，其阅读能力和阅读水平低下，影响了他们综合素质的提高。加强对他们的阅读指导既十分必要又刻不容缓。为农村留守儿童营造良好的阅读环境，正确引导和满足他们的阅读需求，培养他们良好的阅读习惯，让他们享受阅读的乐趣，实现和保障留守儿童的阅读权利是作为社会文化教育机构义不容辞的责任。农村留守儿童阅读是全民阅读的重要组成部分，图书馆是推动全民阅读的主要阵地，是社会阅读活动的主要倡导者和服务者，应积极搭建农村留守儿童阅读推广服务平台，与学校、家长和农村留守儿童乃至社会一起努力，共同打造一个让农村留守儿童健康快乐成长的精神乐园，让他们自觉地将阅读变成一种生活的需要。

4. 注重开展特殊群体的阅读指导

普遍均等服务理念是中国公共图书馆事业永恒的追求。全民阅读推广活动必须保障公民阅读均等的权力。①为老年人群体提供阅读服务。中国已进入老龄化社会，老年人数量急剧增长，阅读逐渐成为他们生活的重要组成部分。要注意建立促进老年人阅读的制度体系，为他们提供有针对性的阅读服务。②加强农民工阅读服务。农民工是城市建设的大军，各类阅读服务对他们不应有歧视的态度，应关注这个群体与城市人一样享有均等的阅读权利，并应结合他们的需求主动开展阅读服务。③关照残障人阅读服务。中国约有6 000万残障人士，图书馆的各项设施都要考虑残障人士需求，设立无障碍服务。如设立盲人阅览室、视听障碍阅览室等，并招募志愿者帮助残障人士阅读。④为住院病人提供阅读疗法。阅读推广活动走进医院为病人提供阅读疗法，是辅助医院治疗的必要精神疗法，是最有特色和意义的阅读指导活动。⑤为服刑人员提供阅读指导。阅读推广不能让监狱成为死角，要帮助监狱建设图书室，为服刑人员提供各种讲座和开展真人图书馆活动，开展具有人性关怀的阅读指导，既增加他们的知识，又可改造他们的人生观。阅读推广在针对不同阅读主体提供服务的同时，还应该从顶层进行规划与设计，充分发挥文化服务机构，特别是图书馆的服务功能，确保特殊和弱势群体能够享有平等的阅读权力。

(三) 重视发展阅读联合会和民间读书会

1. 发展阅读联合会

中国的阅读联合会发展起步较晚，目前仍处于探索和壮大阶段，理论研究和实践均不成熟。阅读联合会，即阅读联合组织或联盟机构，是经民间组织管理局批准成立，致力于推进全民阅读文化发展的组织，在和平自愿的基础上结成的非营利性社会公益联盟组织。阅读联合会可携手网络媒体宣传、出版商、学校、各类图书馆等行业、民间读书会、从事阅读研究与实践的专家学者、教师、研究员以及阅读推广志愿者等，为提升全民阅读意识，形成浓厚的全民阅读社会氛围共同努力。如深圳阅读联合会、吉林省全民阅读协会等。中国阅读联合会数量不多，需要发展和壮大。在全民阅读活动中，一个组织的号召力与凝聚力作用要远远大于个人的作用，联合会在推广宣传全民读书，弘扬全民阅读风尚，开展阅读推广活动，培训阅读推广人才等方面的作用是个人力量所不及。在阅读推广工作迫在眉睫、亟须实施的条件下，阅读联合会应运而生并勇敢地承担起了这个传承文化、弘扬阅读价值的巨大社会责任。阅读联合会通过开展一系列形式多样的阅读推广活动，努力优化和完善阅读环境，积极推动阅读资源的区域共享、整合和利用，在提升全民阅读能力，促进社会文化事业繁荣和提高全民文化素质中做出了不可磨灭的贡献。因此，促进阅读联合会自身的可持续发展就显得尤为重要，有必要通过健全全民阅读法规，创新阅读推广项目，建立多方评价机制以及加强与读者沟通协调等有效途径，来加强阅读联合会的不断发展壮大，以推广促进全民阅读社会的实现。

2. 支持民间读书会

民间读书会，国内一般称书友会、读书馆、读书俱乐部、读书沙龙等，港台地区多称为读书会。民间读书会作为一种读书形态，其雏形源于知识分子聚集的白领社区、志趣相投的网络小组等，它通过相近的阅读兴趣、目标、地域等因素聚集而成。随着全民阅读活动的日益兴盛，民间"读书会"越来越多。但经过一段活动实践，由于缺少社会的关注和支持，其在生存与坚守遇到很多困惑，因此这些公益性民间读书会，夭折者有之，退却停止者不少，这种态势不利于全民阅读工程的推广和发展，不利于营造"书香中国"。目前，如何扶植和促进公益性民间读书会的生存发展已成当务之急。这些民间读书会虽然规模不一、形式多样，其办会宗旨和原则都是建立在非营利性、民间公益性起点上，不收费没门槛，只要喜欢阅读都可以参与，极少数读书会在活动中向读者收取一定的费用，也完全用于读者服务。民间读书会的作用不可低估，尤其在领导青年文化风尚，沟通学术与社会的桥梁，培养全民阅读习惯，提升城市文化软实力等发面发挥了巨大的能量价值。公益性民间读书会是为全民阅读而生，但种种客观因素导致其生存状况不佳，组织者十分希望和需要得到社会各界的扶持，各级政府及相关部门应给予重视并积极支持民间读书会的发展壮大。为此，呼吁社会应关注民间公益读书会的生存与发展，政府及社会担纲主导的责任，图书馆服务读书会责无旁贷，给予民间公益性读书会以支持与扶植。读书会通过定期的公益活动，持续为阅读推广工作贡献着力量，聚少成多，效果显著。

（四）加强书香城市的建设与评估

"世界图书之都"项目启动于 2001 年，被公认为是全世界图书与阅读最成功的项目，是对一座城市在阅读文化上所作贡献的表彰。截至目前，中国尚未有城市能够入选。阅读文化是一座城市的灵魂，全民阅读推广不能停留在读者工作层面，要去探悉城市文化的灵魂深处，将全民阅读推广工作上升到新的层次，使阅读文化成为城市品位的一项标准。虽然考评"书香城市"的指标无法量化，但仍然可以在可观测的范围内选取衡量标准并逐渐探索加以修正和完善，最终目的是提高阅读推广工作的水平，普及全民阅读，传播书香文化。书香城市的考评指标体系中应包括"硬实力"和"软实力"两部分。"硬实力"指标从基层读书活动小组、各项活动的设置与否、阅读对象的管理、基层文化机构以及资源的建设和使用情况等入手，对城市的具体文化建设环境进行了整体的考评。包括"保障机制"和"阅读服务设施建设"等部分。"软实力"指标包括各类阅读推广活动的普及程度和反响、活动多样性和频率、阅读数量、阅读人群结构、城市创新能力以及城市对文化传统的重视程度等内容，主要考评一个城市对全民阅读推广的重视程度以及活动效果，是否善于将文化传统内化为新时代城市书香建设的资本和动力，包括"阅读推广活动"和"书香氛围"两大部分[12]。中国的城市不仅应成为改革开放的先锋城市，创意文化和全民阅读也应处于领先地位。如深圳市多年如一日对文化与阅读"高贵的坚守"得到联合国教科文组织褒奖，荣膺"全球全民阅读典范城市"，目前正在备选"世界图书之都"，足见这座城市的文化能量，同时预示着中国阅读文化正在走向并融入世界。

四、全社会合力共同建设书香社会

李克强总理在 2015 年《政府工作报告》中提出："提供更多优秀文艺作品，倡导全民阅读，建设书香社会"。这是继党的十八大和 2014 年《政府工作报告》提出"倡导全民阅读"之后，官方首次提出"建设书香社会"。这一提法不仅把"倡导全民阅读"提上了一个新高度，更为全面深化改革时期的政治、经济、社会发展增添了文化底蕴。"书香"这一带有古典气质的词语，凝聚了中国这个文明礼仪之邦对书的敬仰和对知识的尊重，人们十分看重文化，阅读是国人充盈精神世界的重要途径。一个民族的精神境界取决于这个民族的阅读水平，一个书香充盈的国家才能成为美丽的精神家园。建设书香社会，是一个细致培育的伟大工程，需要全民普及参与、营造阅读氛围，形成社会合力，方可达到目的。

（一）政府担纲主导建设书香社会

当前，中国的经济总量已经跃居世界第二大经济体，但国民整体素质却处于"贫困线"以下，如国人出国旅游发生的不文明行为屡屡见诸海内外媒体。提高国民整体素质、提升文明素养也成为全社会的共识。李克强总理提出建设"书香社会"可以说是顺应时势、鼓舞人心，这也标志着重视精神文明建设、倡导全民阅读已上升为国家战略。为此，各级政府应该不打丝毫折扣的贯彻落实这一民族文化战略。促进全民阅读建设书香社会必须由政府担纲主导，制定各层面的相关法律，加大财政资金投入，健全组织管理机制，全程督导考评，加强总结与激励，促进国民素质"脱贫"，这是实现民族伟大复兴，实现中国梦的重要基础。我们相信，在国家的大力倡导下，在政府的积极作为下，浓浓的书香必将覆盖这片古老文明的土地上。

（二）图书馆是建设书香社会的主战场

图书馆是公益性的文化机构，具有丰富的文献资源，是从事服务读书及形成读书氛围的场所，在阅读推广上具有其他组织所无法比拟的优势和不可替代的作用，理应成为学校和一座城市的文化中心。尤其是公共图书馆，其重要职能之一就是社会教育，毋庸置疑是建设书香社会的主战场，做好阅读推广是图书馆理所当然的工作，理应担当推动全民阅读的重要角色。目前把出版部门当做全民阅读主战场的做法需要转变。公共图书馆的受众面广，阅读推广影响大，是推广全民阅读、营造书香社会的重要推手和桥梁。各级政府应把阅读推广工作的主导任务交付图书馆来实施。公共图书馆则要千方百计地致力于使活动开展起来，藏书"流通"起来，受众"活跃"起来，馆藏建设以及读者活动都要以读书、用书为"抓手"，以促进全民阅读，营造书香社会为己任，使公共图书馆成为书香社会的重要推手。高校图书馆不仅承担本校师生教学和科研服务的任务，目前也全面走向社会化，为营造全民阅读的氛围，建设书香社会承载着不可推卸的责任。

（三）媒体是建设书香社会的重要辅助机构

媒体是指传播信息的媒介，它是指人借助用来传递信息与获取信息的工具、渠道、载体、中介物或技术手段。也可以把媒体看作为实现信息从信息源传递到受信者的一切技术手段。其含义包括：一是承载信息的物体；二是指储存、呈现、处理、传递信息的实体。传统的四大媒体分别为：电视、广播、报刊和户外媒体等，如今出现了第五媒体——新媒体，它是以数字信息技术为基础，以互动传播为特点、具有创新形态的媒体。传统媒体与新媒体都具有：监测社会环境、协调社会关系、传承民族文化、教育市民大众、提供传递信息和引导群众价值观等功能[13]。在推广全民阅读、建设书香社会过程中，媒体与图书馆相比只能退居辅助地位。但必须正视技术普及带来的阅读渠道多元化，"互联网＋"荐书应该成为引导培养年轻人良好阅读教养的主要渠道，在新媒体上让人们了解更多优秀作品，以此引领大众的阅读，满足读者不断提升的精神需求。在公共图书馆之外，媒体机构则成为推广阅读、建设书香社会的重要生力军，图书馆与媒体协同合作，相互依存、相辅相成，共同担当了全社会推广阅读的主体工作部分。

（四）推广全民阅读建设书香社会人人有责

全民阅读活动不仅是提高国民素质，更是关乎中国新时期创新型人才培养的重大战略工程，是改革开放以来，继经济建设、政治建设之后，中国政府当前面临的另一个重大课题。如何把这项重大的战略工程落到实处，达到培植、养成全民阅读的良好习惯，推进阅读型社会的良好发展，需要全社会群策群力、共同参与、协同努力。图书馆是推广全民阅读、建设书香社会的主战场，图书馆人是策划组织阅读活动的生力军；出版社、图书发行公司、期刊报纸发行部门以及书店等，是推广全民阅读、建设书香社会的基础保障与辅助机构；电视、电台等各种媒体均是推广全民阅读、建设书香社会的宣传机器和开展活动的工具；机关、企业、公司以及社会各种机构团体均应成为推广全民阅读、建设书香社会的贡献者和建设者。总之，推广全民阅读、建设书香社会，可让全体社会成员受益，同时也需要全体社会成员积极支持和出力。推动全民阅读是提高国民素质，促进文化建设，增进社会和谐的重要举措，通过读书活动实现广大人民群众文化权利和惠民利益，营造全社会求学问道的风气，提升城市品位。读书已经不仅仅关乎个人的成长，更关系到民族的复兴、社会的和谐与人类的进步。因此，积极倡导读书，营造全民阅读的良好风气，共建和谐社会，人人有责。

参考文献：

[1]　徐赜．上海市振兴中华读书活动回顾［EB/OL］．［2015－08－05］．http：//www.sh－whg.com/node/294.

［2］　中国共青团网．中国青少年新世纪读书计划活动简介［EB/OL］．［2015 - 08 - 05］. ht-
　　　 tp://www. ccyl. org. cn/695/gqt_tuanshi/gqt_ghlc/action/200704/t20070414. htm.

［3］　法律教育网．中央宣传部、文化部、国家教委、国家科委等部门关于在全国组织实施
　　　"知识工程"的通知［EB/OL］．［2015 - 08 - 05］. http://www. chinalawedu. com/news/
　　　1200/22598/22617/22842/2006/3/wu281117132813136002520htm.

［4］　百度百科．学习型社会［EB/OL］．［2015 - 08 - 05］. http://baike. baidu. com/link？url
　　　= bTuQm - MwtLz7O2hsMT0Vr U0pqeAm6m3 ADH8H6RUqbmKtjgULuHnAvoomora _
　　　5DR1C_g1UqiAEfrIshAeHyGJfK.

［5］　赵承,李斌．读书好 好读书 读好书—温家宝总理参加"世界读书日"活动纪实［EB/
　　　OL］．［2015 - 08 - 05］. http://news. xinhuanet. com/newscenter/2009 - 04/23/content_
　　　11245846_1. htm

［6］　习近平．领导干部要爱读书读好书善读书．学习时报,2009 - 05 - 18①.

［7］　"第十一次全国国民阅读调查"成果发布［EB/OL］．［2015 - 08 - 05］. http://
　　　www. chuban. cc/yw/201404/t20140423_155079. html .

［8］　彭培章,费魏．阅读的时代性与个性［J］. 中国图书馆学报,2008(02):9 - 15.

［9］　中研网讯．截至2014年12月中国网民规模达6. 49亿人［EB/OL］．［2015 - 08 - 05］.
　　　http://www. chinairn. com/news/20150204/085355614. shtml.

［10］　胡莹．常态化机制是图书馆推广全民阅读的重要途径［J］. 科技情报开发与经济,
　　　2014(10):14 - 15.

［11］　新华网．中国3. 67亿儿童人均拥有图书1. 3册,未成年人儿童读物拥有量在全世界
　　　排名第68位,是日本的1/40［EB/OL］．［2015 - 08 - 05］. http://news. xinhuanet. com/
　　　newscenter/topic2007/2007 - 05/31/content_6178075. htm.

［12］　许琳瑶．从"振兴中华"读书活动到全民阅读推广工作:1982 - 2012［D］. 南京大
　　　学,2013.

［13］　百度百科．媒体［EB/OL］．［2015 - 08 - 05］. http://baike. baidu. com/link？url =
　　　VKJ4GDK3k jlNWRMBvr1meU - iYPiVsLq - e6NUawPZ4WGBJInAJd1aaM67D6LTuql6f6
　　　ehuC6iAwHczaZb24sCkq.

第二章　全民阅读工程法律与
政策环境

关于中国全民阅读立法的问题，目前在社会上已基本达成共识。全民阅读通过国家立法，可以规范各级政府和相关部门在全民阅读中的责任和义务，为全民阅读提供条件和环境保障，并通过国家立法来提升全民阅读的重要性，是促进全民阅读的重要手段。目前许多国家都已经对阅读进行立法。例如，美国于 1998 年就出台了《卓越阅读法》，2001 年美国布什政府颁布了《不让一个孩子落后》的教育改革法案，该法案提出了阅读先行计划。德国于 2009 年制定了《阅读促进标准评估系统》，助推国民阅读。俄罗斯于 2006 年颁布了《国家支持与发展阅读纲要》实施鼓励国民读书的国家项目，并制定了《民族阅读大纲》，促进俄联邦政府各个部门、地区行政机构、社会团体、出版业等各方面力量合作推广国民阅读。日本 2001 年公布了《儿童读书活动推进法》，2005 年实施了《文字、活字和文化振兴法》。韩国 2007 年颁布了《读书文化振兴法》，明确规定文化体育观光部为阅读推广的官方机构，并成立读书振兴委员会，每五年制定一份读书文化振兴基本计划。鉴于国外的先进经验，中国的全民阅读立法非常有必要，势在必行。

2013 年，中国的全民阅读立法列入国务院立法计划，将全民阅读工程的组织保障、统一规划、经费投入、阅读权利等方面纳入法制化轨道。全民阅读立法并非政府要强制每个人读书的数量，而是希望通过立法来确认全民阅读的国家战略，有利于推动全社会营造维护全民阅读的意识，创建良好的阅读环境，提供公共阅读场所，举办全民阅读活动，保障公民阅读权利，有利于培养公民自觉阅读，进而提高国民阅读率。为全国持续开展全民阅读活动提供制度保障。其核心内容是规定政府法定义务，而非强制约束个人。

一、全民阅读的缘起与发展概况

20 世纪 60 年代，学习型社会作为一种全新的理念受到世界各国的广泛重视。美国、德国、加拿大、意大利、瑞士等国都积极致力于构建学习型社会。1972 年，联合国教科文组织向全世界发出了"走向阅读社会"的号召，要求社会成员人人读书，让读书成为人们日常生活中不可或缺的部分。1995 年正式确定每年 4 月 23 日为"世界读书日"。虽然这个节日的历史还不长，但它已受到全世界的欢迎和响应。每年的这一天（一周或一个月），世界 100 多个国家和地区在政府的支持下，各界人士都要开展丰富多彩的读书日庆典和图书宣传活动，目的是推动更多的人阅读和学习，希望和鼓励散居在世界各地的人，无论你是年老或年轻、贫穷或富裕、患病或健康，都能享受阅读的乐趣，并以热爱读书来表示对那些为人类文化进步做出贡献的人们的尊重和感谢[1]。

在中国，1995 年时国民还不知晓"学习型社会"和这个世界性的读书节日，只是提到"知识工程"。直到 2002 年的十六大才提出"形成全民学习、终身学习的学习型社会"的要求。为了贯彻中央这一精神，2006 年 4 月 5 日，中央宣传部、中央文明办、新闻出版总署、文化部等 11 个部门团体联合发出《关于开展全民阅读活动的倡议书》[2]，倡导开展"爱读书、读好书"的全民阅读活动。在各部门的协同推动下，全民阅读活动在全国各地蓬勃开展，世界读书日逐步在国民心中留下了印象。

中央宣传部和新闻出版总署为巩固扩大取得的成果，在已有工作的基础上，协同相关部门广泛加强对全民阅读活动的组织领导，在全社会形成多读书、读好书的良好氛围和文明风尚，同时将 4 月 23 日定为每年的"全民阅读"日。新闻出版总署和中央电视台在读书节期间倾力打造了三届"书香中国"晚会，围绕"阅读与美德"等主题倡导全民读书，请诺贝尔文学奖获得者莫言演讲"全民阅读"并与现场读者直接对话，让社会民众切实感受到读书的价值和意义[3]。自 2006 年以来，全民阅读活动受到中央高度重视，战略意义日益凸显。经过各省各部门多年来的共同努力，全民阅读活动规模逐年扩大，模式不断创新，影响日益深入，取得了令人欣喜的成绩。各地提出阅读规划，长效机制建设取得进展；"书香中国"成为全民阅读活动的品牌；农家书屋工程覆盖了全国的行政村，改善了基层群众的阅读条件；国民阅读率得到显著提高。

尽管国内全民阅读活动方兴未艾，其推广工作依旧任重道远。全民阅读活动开展已有多年，人们仍在摸着石头过河，诸如没有国家层面的阅读组织领导机构、缺乏国家法律法规保障阅读、国民阅读能力总体不高、国民阅读权利达不到普遍均等、助推阅读的有效力量调动不够等亟待解决的问题很多，尤其是法律政策环境，对全民阅读活动的推广影响巨大。本文仅就此问题进行梳理分析，旨在为全民阅读工程建设抛砖引玉。

二、全民阅读工程的法律政策环境

全民阅读不仅是一项文化教育工程，也是关乎国家文明富强的一项重要基础性工作，更是提升国家软实力和竞争力建设的重要措施。因此，建设学习型社会、推广全民阅读需要国家政府主导；提高国民的阅读能力，需要政府的高度重视和全社会的积极参与；推动全民阅读工程，需要一系列法规政策保驾护航。

（一）党和国家政府的政策

党和政府通过国家法律政策来保障推动全民阅读工程，才能有力助推其取得事半功倍的效率，中国政府对此的认识是循序渐进。虽然 2006 年相关部门已发出了全民阅读的倡议，但没有得到党和国家的高度重视，在 2006 年《国家"十一五"时期文化发展规划纲要》中只提到实施"送书下乡工程"，解决农民群众看书难问题。在 2011 年《新闻出版业"十二五"时期发展规划》中正式提到"全民阅读工程"，将其列入新闻出版公共服务建设之中[4]。2012 年 2 月《国家"十二五"时期文化改革发展规划纲要》才将"深入开展全民阅读"列入重要文化建设工程[5]。8 月，国务院把"公共阅读服务"纳入《国家基本公共服务体系"十二五"规划》之中[6]；11 月，"开展全民阅读活动"列入《中共十八大工作报告》，这是"全民阅读"第一次被列入党的工作报告中，显示出党中央对开展全民阅读活动给予了重视。如表 2.1 所示：2014 年 3 月，中华人民共和国第十二届全国人民代表大会，李克强总理在政府工作报告中首次提到"倡导全民阅读"，成为政府工作报告的亮点[7]，凸显中国政府对全民阅读问题的重视，通过加强推动机制来实现和提升全民阅读的目标，强调继续深化文化体制改革，完善文化经济政策。

表 2.1　党和国家政府关于全民阅读相关政策（2006－2014）

发布时间	文件名称	关于全民阅读
2006 年 9 月 13 日	《国家"十一五"时期文化发展规划纲要》	实施"送书下乡工程"，解决农民群众看书难问题。
2011 年 10 月 3 日	《新闻出版业"十二五"时期发展规划》	将"全民阅读工程"列入新闻出版公共服务建设工程。
2012 年 2 月 15 日	《国家"十二五"时期文化改革发展规划纲要》	将"深入开展全民阅读"列入重要文化建设工程。
2012 年 8 月 16 日	《国家基本公共服务体系"十二五"规划》	国务院把"公共阅读服务"纳入"十二五"规划中。
2012 年 11 月 18 日	《中共十八大报告》	首次将"开展全民阅读活动"列入党的"十八大"工作报告中。
2010 年 3 月 5 日	《中华人民共和国第十一届全国人民代表大会政府工作报告》	推进重点文化惠民工程，完善公共文化服务体系。
2014 年 3 月 5 日	《中华人民共和国第十二届全国人民代表大会政府工作报告》	首次将"倡导全民阅读"写入政府工作报告。

（二）相关文化部门的政策

这里所谓相关文化部门是指发起倡导全民阅读的相关部门。2006 年 4 月，中宣部、中央文明办等 11 部门发出《关于开展全民阅读活动的倡议书》[8]；2007 年 4 月，在原来 11 部门基础上增加到 17 部门，联合发出《关于开展以"同享知识，共创和谐"为主题的全民阅读活动的通知》[9]；同年 12 月，中宣部、新闻出版总署等部门发出《关于认真做好 2008 年全民阅读活动的通知》，从 2011 年 3 月开始至 2014 年 3 月由国家新闻出版总署（2013 年改称国家新闻出版广电总局）署名，每年发布"关于深入开展全民阅读活动的通知"（见表 2.2）。从 2006 年起，新闻出版总署与中宣部等部门一同从国家层面上推动全民阅读活动，每年都专门下发通知，部署全国各地各部门共同开展全民阅读活动，通过一系列积极举措，倡导和组织开展全民阅读活动，大力建设书香社会。

表 2.2　国家文化部门关于全民阅读工程的通知文件（2006—2014）

发布时间	颁发部门	文件名称
2006 年 4 月 5 日	中宣部、中央文明办等 11 部门	《关于开展全民阅读活动的倡议书》
2007 年 4 月 9 日	中宣部、中央文明办等 17 部门	《关于开展以"同享知识，共创和谐"为主题的全民阅读活动的通知》（中宣发［2007］5 号）
2007 年 12 月 30 日	中宣部、中央文明办	《关于认真做好 2008 年全民阅读活动的通知》（新出联［2007］13 号）
2009 年 3 月 25 日	中宣部、新闻出版总署	《关于进一步推动全民阅读活动的通知》（新出联［2009］7 号）
2010 年 4 月 14 日	中宣部、中央文明办	《2010 年全民阅读活动行动计划》（中宣办发［2010］15 号）
2011 年 3 月 15 日	国家新闻出版总署	《关于深入开展 2011 年全民阅读活动的通知》
2012 年 3 月 29 日	国家新闻出版总署	《关于深入开展全民阅读活动努力建设"书香中国"的通知》新出厅字［2012］146 号
2012 年 12 月 11 日	国家新闻出版总署	《关于公布"全民阅读报刊行"优秀栏目、优秀活动和优秀组织机构推荐结果的通知》（新出字［2012］328 号）
2013 年 3 月 15 日	国家新闻出版广电总局	《关于开展 2013 年全民阅读活动的通知》（新出字［2013］103 号）
2013 年 4 月 1 日	国家新闻出版广电总局	《关于开展首届全国"书香之家"推荐活动的通知》（新出字［2013］68 号）
2014 年 3 月 10 日	国家新闻出版广电总局	《关于开展 2014 年全民阅读活动的通知》（新广出发［2014］34 号）

（三）中国图书馆学会的政策

中国图书馆学会是全国性学术群众团体，是党和政府联系图书馆工作者的桥梁和纽带。作为行业学会，对于推动全民阅读具有义不容辞的责任。2003 年 7 月，中国图书馆学会接受文化部的委托，开始组织全国图书馆行业的全民阅读活动[10]。由此，学会将全民阅读工作提上主要议事日程，列入年度工作计划，并且加强组织领导。2006 年 4 月成立了中国图书馆学会科普与阅读指导委员会，使学会在推动全民阅读方面有了专门的组织机构和指导原则。2009年9月27日学会将"科普与阅读指导委员会"更名为"阅读推广委员会",开办阅读网站,创办《今日阅读》会刊[11]。从2003年开始至今,连续12年不间断地发出关于开展"全民阅读"工作的通知(见表2.3)。通知明确活动主题,部署活动内容,推荐阅读书目,制定全民阅读赠书计划,开展全民阅读奖励以及建立示范基地等活动。这些通知均起到了行业规章或政策的作用,领导全国图书馆界广泛而深入的开展全民阅读,发挥行业优势,推动全民阅读。

表2.3 中国图书馆学会全民阅读工程的通知文件(2003—2014)

时间	通知名称	活动主题
2003年9月29日	《关于开展2003年"全民读书月"活动的通知》	享受阅读快乐,提高生命质量。
2004年3月22日	《关于开展2004年全民阅读宣传活动的通知》	关注青少年阅读,开创精彩人生。
2005年3月24日	《关于开展2005年全民阅读活动的通知》	阅读丰富人生,共建和谐社会。
2006年3月14日	《关于开展2006年全民阅读活动的通知》	图书馆:公众的权益和选择。
2007年3月19日	《关于开展2007年全民阅读活动的通知》	图书馆:阅读社会的家园。
2008年3月14日	《关于开展2008年全民阅读活动的通知》	图书馆:公民讲堂。
2009年3月19日	《关于开展2009年全民阅读活动的通知》	让我们在阅读中一起成长。
2010年3月10日	《关于开展2010年"全民阅读"活动的通知》	保障阅读权利,享受阅读快乐。
2011年3月21日	《关于开展2011年"全民阅读"工作的通知》	读书,给人智慧,使人勇敢,让人温暖。
2012年3月13日	《关于开展2012年"全民阅读"工作的通知》	播撒阅读种子,构建公共文化。
2013年3月18日	《关于开展2013年"全民阅读"工作的通知》	知识给人力量,阅读引领未来。
2014年3月18日	《关于开展2014年"全民阅读"工作的通知》	阅读,请到图书馆。

（四）各省市区全民阅读政策

从 2006 年中宣部等发出推动全民阅读活动倡议以来，受到全国各省市区的广泛响应。各省党委、政府把全民阅读工程作为一项长期的重要战略任务，纳入工作议事日程，加强领导，明确责任，切实抓紧抓好。目前，全国有湖南、湖北、江苏、广东、河北、黑龙江、福建、重庆、陕西、新疆等 18 个省市区成立了由地方党委或政府主要领导担任负责人的全民阅读组织领导机构[12]。省政府领导带头推广全民阅读工程，结合本省实际制订全民阅读工程的法规政策（见表 2.4），多数省份都制订全民阅读活动实施方案，深圳还制订了（2010—2020 年）读书月发展规划。（因篇幅所限，表格仅列部分省市区某一年发布的通知文件。）这些文件为当地加强组织领导、制订工程规划、配置文化资源、组织品牌活动、宣传助力推广、解决重点难点问题等发挥了法规政策的作用与效力。

表 2.4　省市区全民阅读工程的部分通知文件（2008—2014）

发布时间	颁发部门	通知文件名称
2008 年 4 月 20 日	新疆维吾尔自治区党委	《关于认真开展 2008 年全民阅读活动的通知》（新新出联字〔2008〕1 号）
2009 年 11 月 9 日	湖南省委省政府	《湖南 2009 年开展"全民阅读进村组"系列活动的通知》（湘农办〔2009〕177 号）
2009 年 9 月 9 日	内蒙古党委组织部等	《〈关于在全区领导干部中开展阅读活动的实施意见〉的通知》（内新出联字〔2009〕5 号）
2010 年 11 月 1 日	深圳市委市政府	《关于深入开展全民阅读活动，加快推进学习型城市建设的若干意见》（深发〔2010〕14 号）
2011 年 4 月 12 日	广东省委宣传部	《2011 "书香岭南"全民阅读活动工作方案》（粤宣通〔2011〕15 号）
2011 年 4 月 21 日	鄂尔多斯市文明办	《关于印发 < 进一步开展全民阅读活动实施方案 > 的通知》，（鄂文明委发〔2011〕8 号）
2011 年 4 月 23 日	黑龙江省委宣传部	《关于 2011 年黑龙江省全民阅读活动有关工作的通知》
2011 年 2 月 25 日	吉林省新闻出版局	《关于深入开展全民阅读活动的通知》（吉新出〔2011〕26 号）

续表

发布时间	颁发部门	通知文件名称
2012 年 4 月 20 日	浙江省委宣传部等	《关于印发 < 浙江省 2012 年全民阅读重点活动安排 > 的通知》（浙文明办〔2012〕8 号）
2012 年 4 月 28 日	湖北省委省政府	《关于开展全民阅读活动建设学习型湖北的意见》（鄂办发〔2012〕3 号）
2013 年 4 月 10 日	河北省新闻出版局等	《关于开展 2013 年全民阅读活动的通知》（冀新出〔2013〕19 号）
2013 年 4 月 15 日	四川省新闻出版局	《关于开展 2013 年全民阅读活动的通知》（川新出函〔2013〕79 号）
2013 年 4 月 24 日	江苏省委宣传部	《关于开展 2013 年江苏省全民阅读活动的通知》（苏宣通〔2013〕26 号）
2013 年 9 月 22 日	福建省委宣传部等	《关于开展 2013 全民阅读活动暨第七届"书香八闽"全民读书月活动的通知》（闽新出联〔2013〕4 号）
2014 年 4 月 8 日	上海市新闻出版局	《关于开展 2014 年本市全民阅读活动的通知》（沪新出出〔2014〕405 号）
2014 年 4 月 16 日	河南省教育厅	《关于在全省中小学倡导开展"书香家庭亲子共读"活动》（教关〔2013〕492 号）

（五）其他扶助文件和措施

全民阅读工程不是某一部门的事，是全社会的文化工程。为推广全民阅读工程，除上述代表国家层面的通知文件和省市地区通知文件外，另有文化部、教育部、共青团中央、全国妇联、全国知识工程领导小组、出版总署新闻报刊司及全国全民阅读媒体联盟等相关部门均积极开展工作，虽然所发文件不具有法律效力，但仍不断地出现对全民阅读所做的倡议、规划和部署，形成了社会各界参与、媒体企业支持、多方力量共同运作推进全民阅读活动的格局（见表 2.5）。

表 2.5　其他有关全民阅读工程的文件和措施

发布时间	颁布部门	文件和措施名称
2005 年 8 月 18 日	共青团中央等	《关于开展"光华公益书海工程"活动的通知》
2010 年 4 月 27 日	新闻出版总署新闻报刊司	《关于开展"全民阅读报刊行"活动的通知》（新出报刊［2010］113 号）
2010 年 10 月 12 日	全国妇联、中国妇女报社	《创建和谐家庭读书活动阅读计划》
2011 年 1 月 26 日	文化部、财政部	《关于推进全国美术馆、公共图书馆、文化馆（站）免费开放工作的意见》（文财务发［2011］5 号）
2011 年 9 月 20 日	新闻出版总署新闻报刊司	《关于报送开展"全民阅读报刊行"活动有关情况的通知》（新出报刊司［2011］378 号）
2012 年 3 月 22 日	新闻出版总署出版管理司	《关于深入开展全民阅读活动努力建设"书香中国"的通知》（新出厅字［2012］146 号）
2012 年 9 月 29 日	教育部办公厅	《关于举办 2012 年全民终身学习活动周的通知》（办发［2012］43 号）
2013 年 3 月 8 日	全国政协委员 115 人签名	《关于制定实施国家全民阅读战略的提案》
2013 年 4 月 16 日	全国"知识工程"领导小组	《关于在全国开展 2013 年图书馆服务宣传周活动的通知》（知办发［2013］1 号）
2013 年 4 月 27 日	新闻出版总署新闻报刊司	《关于开展"全民阅读报刊行"优秀书评作品推荐工作的通知》（新出报刊司［2013］195 号）
2013 年 9 月 27 日	全国全民阅读媒体联盟	《运河读书倡议书》
2013 年 9 月 27 日	全国全民阅读媒体联盟	《西湖读书宣言》
2014 年 4 月 16 日	全国"知识工程"领导小组	《关于在全国开展 2014 年图书馆服务宣传周活动的通知》（知办发［2014］1 号）

三、全民阅读工程法律政策环境评价

从 2006 年全民阅读倡议实施的 8 年来，尽管国家没有正式制订关于全民阅读工程的法律法规，但国家政府对全民阅读活动十分重视，我国的全民阅读活动正在转型与升级。由初始的"振兴中华读书活动"经过"知识工程"、"学习型社会"到如今的"全民阅读"；全民阅读由"一项活动"到"系统工程"；全民阅读由"民间倡导"到"国家战略"；全民阅读由"无法可依"到将要"立法保障"等的发展过程，政策环境发生了巨大变化。国家新闻出版总署等部门，每年都专门下发通知，部署全国各地各部门共同开展全民阅读活动。尽管这些部门所发通知均为部门政策，不具有绝对的国家法律效力，但政策是政党与国家的管理手段，活动的规范、准则，行动指导方针，对社会有管理、控制的作用。所发通知是代表国家层面策划一系列积极举措，倡导和组织开展全民阅读活动，大力推动建设书香社会。

中国图书馆学会从 2003 年开始，连续 12 年不间断地发出关于开展"全民阅读"工作的通知，这虽然只是行业学会的行为，实用范围与效力有限，但其倡议对领导全国图书馆界广泛而深入的开展全民阅读，部署全民阅读活动方案，开展全民阅读总结、表奖以及建立示范基地等方面具有一定效果，发挥了行业优势，起到了行业规章或政策的作用。各省市、自治区的全民阅读活动虽然因缺乏国家法律的统一指导和约束，各地区读书活动的开展存在着城乡差距、地域差别和社会阶层差异，但这些地方性法规与政策，为当地加强组织领导、制订工程规划、配置文化资源、组织品牌活动、宣传助力推广、解决重点难点问题等发挥了法规政策的作用与效力。

上述全民阅读政策文件虽然不具有相当于法律的效力，更缺乏强制性，但都具有一定倡导和引领作用，政策的投入必定会有产出，在没有正式国家立法的环境中，政策也足以达成与法律不差上下的效果，在其执行过程及对社会、部门、个人所产生的影响效果也是巨大的。

四、全民阅读工程立法为当务之急

世界上许多国家都以立法的形式来保障国民阅读能力的提高、积累并推进全民阅读。如美国的《卓越阅读法》和《不让一个孩子落后法案》、日本的《关于推进儿童读书活动的法律》和《文字印刷文化振兴法案》、韩国的《图书馆及读书振兴法》和《读书文化振兴法》、俄罗斯的《民族阅读大纲》等。这些法规的制定都与本国具体实际紧密结合，对我国的全民阅读立法工作具有积极的借鉴和参考价值[13]。中国的全民阅读是一项系统工程，建立国家全民阅读法规，通过立法赋予推广全民阅读的合法地位，保障实现全民阅读的实质性推进，符合中国读书的国情，不仅需要，而且必要，更是当务之急。

（一）建立法律将全民阅读纳入法制化轨道

2013 年的全国两会期间，有 115 位政协委员共同签署了《关于制定实施国家全民阅读战略的提案》，建议政府立法保障阅读。为此，国家新闻出版广电总局专门成立了全民阅读立法起草工作小组，草拟了条例初稿[14]，表示2014 年要继续推动全民阅读立法进程。应由全国人大和国务院分别制定一系列推动全民阅读的法律，同时鼓励各省市、地区结合本省实际推动立法，以法律法规的形式将推动全民阅读工作纳入法制化轨道。以使全民阅读在组织保障、统一规划、经费投入、阅读权利、阅读资源、阅读服务和推广等方面有法可依。全民阅读立法，其首先意义在于助推阅读，其重要意义在于惠及全民，更广泛的意义在于促进开展一切与全民阅读相关的活动，其主要宗旨和核心内容是规定明确各级政府的法定责任与义务，而非对读者个人有何强制约束[15]。

（二）以立法保障全民阅读工程的组织架构

中国负责全国全民阅读工程的组织领导机构是"新闻出版广电总局"，它是主管新闻出版、广播影视和著作权管理的机构。在"总局主要职能"和"总局机构"中，均无全民阅读工程的字样或内容。由一个不能将全民阅读当做一项主要任务来抓的部门组织此项工程，难怪全民阅读工程推动有难度和不给力。当务之急是从国家到地方统一成立专门的全民阅读指导委员会，以立法保障建立一个系统化的专门组织管理架构，起到一个全国统领的作用，使阅读推广活动有了组织上的统一指挥，依法负责监管并推进全民阅读工程事务，加强对全民阅读工程的统筹协调，规范政府推广阅读的行为，形成合力，保障全民阅读活动的有效开展。

（三）以立法保障全民阅读工程的统一规划

目前中国全民阅读工作缺乏统一规划，没有形成国家长远战略及建立长效机制，全民阅读推广无法可依。只有通过立法，各级政府才能把全民阅读活动纳入政府工作计划，加强对全民阅读工作的规划引导，结合当地实际情况，研究制订适合本地的长远规划和工作方案，明确政府在阅读推广中的责任与义务，明确全民阅读活动的主要目标、首要任务和保障措施；规定公共图书馆乃至各类型图书馆的责任与作用，设定公共图书馆开展全民阅读活动服务基准与绩效管控框架；加强阅读服务功能，创造良好阅读条件，稳定活动机制，创新活动形式，形成全民阅读新风，推动全民阅读工作的常态化和制度化。

（四）以立法保障全民阅读工程的经费投入

政府经费投入是全民阅读工程建设稳定经费来源的重要保障，也是决定全民阅读推广活动能否成功和持续的关键因素。由于缺乏阅读立法，导致全国各地对全民阅读工程的重视程度与财政投入各行其是，活动开展的冷热不均，不乏活动作秀之嫌。为了持续推广全民阅读，一定要在实施过程中加大财力投入。应在所订全民阅读法案中确保图书馆经费来源的明确法律条文，规定当地政府按一定标准确定拨款数额的条款，并开拓资金来源渠道和倡导实物捐赠，明确社会的责任与义务，确保全民阅读工程的营运和各项活动的开展具有法律保障，促进图书馆服务工作与全民阅读能顺应时代变化而得到持续有效地发展。

（五）以立法保障社会公民均等的阅读权利

阅读是社会公民最普遍和持久的文化需求，阅读权利是公民最基本和重要的文化权利，保障阅读权利，让所有的人都有书读，让所有人都能分享读书带来的愉悦，从而形成人人爱读书的全民阅读社会，是全民阅读立法的核心内容。因此，要以立法来保障社会公民均等的阅读权利，在全民阅读法案中设定服务基准，使得阅读活动的组织开展具有明确的目标和衡量标准。特别应对未成年人、青少年的阅读促进进行规定，因为他们代表了未来，也是最密切需要吸取知识的群体，包括学校、亲子阅读、少儿阅读等。同时要规定为弱势群体以及行动不便人士提供图书馆读书服务，努力实现全民阅读活动全覆盖，实现社会公民阅读权利的普遍均等。

五、地方政府全民阅读规章相继出台

（一）《江苏省人民代表大会常务委员会关于促进全民阅读的决定》

2014年11月27日，江苏省十二届人民代表大会常务委员会第十三次会议通过了《江苏省人民代表大会常务委员会关于促进全民阅读的决定》（以下简称《决定》），于 2015 年 1 月 1 日起施行。这是中国第一部地方性关于促进全民阅读的法律性文件，也是推进自主立法的又一次有益尝试。《决定》共十九条，主要涉及以下 10 项内容：

1. 明确政府全民阅读工作职责。县级以上地方人民政府应当将促进全民阅读纳入国民经济和社会发展规划，确定工作目标、任务和措施，其公共设施建设纳入城乡建设规划，工作经费纳入本级财政预算。

2. 完善公共阅读服务场所建设。地方各级人民政府应当根据本行政区域内人口规模和服务需要，合理设置公共图书馆和农家书屋、社区书屋、职工书屋等公共阅读服务场所。公共阅读服务场所及其设施实行延长开放与免费开放。

3. 鼓励社会力量参与全民阅读。支持成立全民阅读公益基金会；依法接受公民、法人或者其他组织捐赠；鼓励社会力量设立阅读服务场所；鼓励和引导各类型图书馆向公众免费开放。

4. 设定全民阅读日。每年 4 月 23 日为"江苏全民阅读日"。省人民政府每年举办"江苏读书节"，定期举办"江苏书展"，集中组织开展形式多样的阅读活动，营造促进全民阅读的良好社会氛围。

5. 推进公共图书馆实行总分馆制。实现本行政区域内各类图书馆、基层公共阅读服务场所之间通借通还，公共图书馆数字资源与本行政区域内各类阅读设备终端互联互通、共享共用。

6. 加大数字化阅读设施建设力度。建立和完善全民阅读在线服务，推进公共图书数字资源、阅读信息服务资源、公共阅读服务平台等共享网络建设，支持网络书店发展。

7. 扶持实体书店。鼓励和支持实体书店延长营业时间，扩展阅读服务场所，开展公益性阅读服务。鼓励有条件的实体书店 24 小时营业。

8. 高度重视未成年人阅读。要求父母和监护人、学校、图书馆、文化馆、博物馆、美术馆、科技馆以及社区教育中心等，要营造未成年人的阅读环境，培养未成年人良好的阅读习惯。

9. 为特殊群体阅读提供便利。地方各级人民政府有关部门及社会服务机构应为老年人、残疾人、特殊困难家庭、外来务工人员及其子女、农村留守儿童、服刑人员、戒毒人员和社区矫正对象提供阅读条件和阅读指导，开展阅读关爱服务。

10. 建立全民阅读调查评估制度。省全民阅读活动领导小组应当制定"书香江苏"建设指标体系，建立全省全民阅读调查评估制度，每年开展一次全民阅读状况调查，运用调查评估成果和公众评价机制，指导推动全民阅读工作[16]。

江苏省在推动全民阅读活动的实践中，遇到了一些阻碍全民阅读发展的问题，针对这些问题，在《决定》中设计了十项制度，以保障市民的阅读权利。该《决定》以地方性法规的形式将全民阅读纳入法制化轨道，推动全民阅读工作常态化、制度化。作为中国第一部地方性全民阅读法无疑具有划时代意义，完全体现了全民阅读立法意在保障而非干涉的立法本意，尤其是其中的一些创新性条款和规定，其价值和影响是值得期待的。

(二)《湖北省全民阅读促进办法》

2014年11月24日，《湖北省全民阅读促进办法》（以下简称《办法》）经省人民政府常务会议审议通过，12月6日省人民政府第376号令公布。该《办法》共设32条，自2015年3月1日起施行。这是一部关于全民阅读的地方政府规章。在《办法》中对立法宗旨、目的、原则以及适用范围进行了全面阐述，提出要建立全民阅读活动保障机制，建立健全全民阅读服务体系，明确地提出6个方面的保障：

1. 组织保障：设立省全民阅读活动指导委员会，各级政府将全民阅读纳入国民经济和社会发展规划，建立全民阅读工作协调机制，并将全民阅读指数纳入精神文明建设目标考核体系，定期向社会公布全民阅读调查结果。

2. 经费保障：县级以上人民政府将全民阅读工作所需经费列入本级财政预算，加大对全民阅读的经费投入；省文化大发展大繁荣资金以及市（州）、县的相关资金按照一定比例专项用于全民阅读基础设施建设；加大对城乡公共阅读服务基础设施建设的投入，加强全民阅读基础设施建设。

3. 设施保障：因城乡建设确需拆除全民阅读服务设施、出版物发行网点和经营性阅读设施，或者改变其功能用途的，应当依法择地重建，并坚持先建设后拆除或同时进行的原则。否则，依法给予行政处分；构成犯罪的，依法追究刑事责任。

4. 特殊保障：全民阅读公共服务应做到：①为残疾人、老年人等特殊群体提供必要的阅读辅助设施、设备，适应其阅读需求。②为未成年人的父母或其他监护人、教师提供阅读指导。③为服刑人员、羁押人员、戒毒人员等有针对性地组织开展阅读活动。④为进城务工人员提供阅读指导和服务[17]。

5. 宣传保障：要求新闻媒体充分发挥舆论引导作用，通过各种方式大力营造阅读氛围。鼓励各种类型图书馆向社会开放。支持出版发行单位和实体书店提供低价或免费阅读服务。鼓励社会组织和个人通过捐钱捐物等多种方式支持全民阅读。

6. 专项活动保障：规定在每年的世界读书日（4月23日）期间开展全民阅读专项活动，同时，增设在每年的孔子诞辰日（9月28日）期间也要集中开展全民阅读专项活动。

《湖北省全民阅读促进办法》的出台，得到国家新闻出版广电总局的高度肯定，这是湖北省全民阅读工作发展进程中具有里程碑意义的大事，为其他省市的全民阅读工作提供了宝贵经验，为国家层面的全民阅读立法工作提供了重要参考。

（三）《深圳经济特区全民阅读促进条例》

深圳市是以政府的力量倾力推动全民阅读的城市，该市对全民阅读充满着异乎寻常的热情，最早在全国设立"读书月"，至今已坚持了15年。深圳市因重视和热爱读书而受到尊重，并获得了"全球全民阅读典范城市"的荣誉。深圳市在2013年11月提出了阅读立法的设想，2014年3月成立了法条起草小组，4月24日启动"全民阅读立法"，6月24日《深圳经济特区全民阅读促进条例（征求意见稿）》（以下简称《条例》）开始在深圳市法制办官网上公布征求市民的意见。

1. 《条例》拟设立市全民阅读委员会，负责全民阅读工作的决策、指导、协调和监督。市全民阅读委员会履行编制全民阅读发展规划、制订全民阅读各项标准及规定等职责。

2. 《条例》鼓励企业组织、社会组织参与全民阅读，其中鼓励企业投资或捐资建设面向市民开放的公益阅读设施，从事公益阅读资源生产与供给，独立举办或捐助、赞助公益阅读活动。

3. 《条例》规定了公共图书馆、市政工程等场所的阅读空间配制，新建住宅小区以及城市更新建设项目必须配套建设公共阅读设施，还需要规划建设流动图书馆和自助图书馆。

4. 《条例》要求确保阅读资源逐年增长，市级公共图书馆按全市常住人口计算，每年每人新增纸质藏书及电子文献0.1册（件）。鼓励组建跨地区、跨系统文献信息资源共享联盟。

5.《条例》设计每年 11 月为深圳读书月，期间市政府及相关机构应当举办或组织不少于 40 场次的阅读活动，各区政府及相关机构应当举办或组织不少于 30 场次的阅读活动。

6.《条例》依据深圳阅读推广的做法，总结其经验，设计了阅读推广人制度，阅读推广人可以向公共图书馆及其他组织提出申请举办阅读推广活动、建立读书会、开展阅读研究等。

7.《条例》吸纳深圳已成功的经验做法，规定各级公共图书馆应当设置服务面积不得少于该馆总服务区面积 30% 的未成年人服务专区，并配备专职阅读推广人、阅读资源与设备。

8.《条例》设计了公益性的全民阅读基金，基金由市财政提供启动基金，依法吸纳接受自然人、法人或其他组织的捐赠。全民阅读基金主要用于资助开展全民阅读活动，扶持民间阅读组织。

9.《条例》设计采用福利彩票公益金一定比例用于资助新生儿家庭、低收入家庭、特殊人群的阅读服务，建立公益彩票支持全民阅读制度。

10.《条例》设计建立全民阅读评估研究机制，负责组织全民阅读评估、开展全民阅读研究、发布全民阅读指数和推动阅读文化交流等工作[18]。

以上十项制度设计也是深圳全民阅读立法的亮点和特点。2015 年 3 月份，深圳市人大常委会给出了初审报告，认为《条例（草案）》强制性规定过少，倡导性规定过多。建议增加一章"法律责任"[19]。可以相信，该《条例》经过修改后会很快公布执行，它既是深圳市过去全民阅读活动的概括与总结，也是未来全民阅读活动的推动与创新。

（四）地方政府全民阅读立法热潮到来

自从 2013 年 8 月全民阅读立法列入国家立法计划，推动了地方全民阅读立法的进程。各地方政府为了弘扬社会主义核心价值观，规范政府促进全民阅读的责任和义务，激发社会各界参与全民阅读的活力，提高本地域公民整体阅读能力，推动书香社会和文化强省建设，全民阅读立法正在紧锣密鼓地进行。除了江苏省、湖北省的全民阅读立法已经实施以及深圳市的全民阅读立法即将实施外，2015 年 3 月 31 日《辽宁人民代表大会常务委员会关于促进全民阅读的决定》也正式实施[20]。此外，上海、福建等省市的全民阅读立法也初步形成。

　　引人瞩目的是，这些地方性阅读法规从全民阅读领导机构建立、活动经费纳入财政预算、专项资金统筹安排、基础设施保障、阅读权益保障、地方全民阅读日设立等多方面，将全民阅读纳入政府工作规划，为全民阅读活动进入新常态化发展，明确了政府在提供与保障公共阅读资源等方面的责任，提供了有力的法律保障。以立法的方式保障民众的基本阅读，推广促进全社会阅读。这些全民阅读地方性法规的出台，表明我国的全民阅读立法步伐正在加快，示范效应正在扩大，全民阅读立法的热潮正在到来。

　　综上所述，目前中国全民阅读的法律政策环境存在很大缺陷。缺乏国家统一领导机构，缺乏国家法律法规保障，缺乏国家长远战略规划，全民阅读工作未纳入法制化轨道。如今已把"全民阅读"写进党的十八大报告和政府工作报告中，表明新时期中国的全民阅读活动开始走向转型和升级。相信国家对于全民阅读工程有了一系列立法和规划后，其法律政策环境将会有彻底的改变，在一系列法规和政策的保障下，形成全社会共同的推广动力，全民阅读活动定会如火如荼，遍地开花。因为只有立法，才可以达到规范国家履行职责的目的，才能切实加强对全民阅读的组织领导，保障实现公民阅读自由，提供和改善阅读条件，发展和增进阅读机会，营造和实现阅读秩序，培育和养成阅读风尚，打造一个举国皆是读书人的国度，中国梦就不难实现。

参考文献：

[1]　百度百科. 世界读书日［EB/OL］.［2014 - 06 - 02］. http://baike. baidu. com/link？url = yRLutUMexlcHTmIGATWjOE.

[2]　百度百科. 全民阅读［EB/OL］.［2014 - 06 - 02］. http://baike. baidu. comview23708 36. htm.

[3]　百度百科. 书香中国［EB/OL］.［2014 - 06 - 02］. http://baike. baidu. com/view/ 10520520. htm.

[4]　百度百科. 新闻出版业"十二五"时期发展规划［EB/OL］.［2014 - 06 - 02］. http:// baike. baidu. com/view/6855636.

[5]　百度百科. 国家"十二五"时期文化改革发展规划纲要［EB/OL］.［2014 - 06 - 02］. ht-tp://baike. baidu. com/view/7933081. htm.

[6]　中华人民共和国中央人民政府. 国务院关于印发国家基本公共服务体系"十二五"规划的通知［EB/OL］.［2014 - 06 - 02］. http://www. gov. cnzwgk2012 - 07/20/content_ 2187242. htm.

［7］　百度百科.2014 年政府工作报告［EB/OL］.［2014 - 06 - 02］.http：//baike. baidu. com/
view/12327673. htm？ fr = aladdin.

［8］　百度百科. 首届全国书香之家［EB/OL］.［2014 - 06 - 02］. http：//baike. baidu. com/
search？ word.

［9］　新闻出版总署.开展"全民阅读活动"的有关情况简介［EB/OL］.［2014 - 06 - 02］. ht-
tp：//www. gapp. gov. cn/contents '114942. html.

［10］　中国文明网.中国图书馆学会先进集体申报材料［EB/OL］.［2014 - 06 - 02］.http：//
archive. wenming. cn/zt/2009 - 11/10/content_18190021. htm.

［11］　中国图书馆学会.中国图书馆学会阅读推广委员会成立大会隆重召开［EB/OL］.
［2014 - 04 - 02］.http：//www. lsc. org. cn/c/cn/news/2009 - 09/27/news_3874. html.

［12］　新闻出版广电总局. 新闻出版广电总局发布 2013 年全民阅读活动安排［EB/OL］.
［2014 - 04 - 02］.http：//www. gov. cngzdt2013 - 04/18/content_2381333. htm.

［13］　王觅.读书是否需要立法来保障［EB/OL］.［2014 - 06 - 02］. http：//www. chinawriter.
com. cn.

［14］　百度百科.全民阅读促进条例［EB/OL］.［2014 - 04 - 02］.http：//baike. baidu. com/
link？ url = 2GAr_h5RFlmzzV0idkQKD0l2Qyoc4ojhRvJVTSA2Py781TAV - Uis6d9UKLw2
iLoDjmsaYo1bW - gsqQl6e2Xbiq.

［15］　聂震宁.全民阅读立法的意义［N］.人民政协报,2013 - 08 - 19(C01 版).

［16］　江苏省人大网站.《江苏省人民代表大会常务委员会关于促进全民阅读的决定》主要
内容［EB/OL］.［2014 - 04 - 02］.http：//www. jsfzb. gov. cn/art—1/19/art_61_46193.
html.

［17］　晋雅芬.《湖北省全民阅读促进办法》突出四大保障［N］. 中国新闻出版报 2015 - 01
- 14(02).

［18］　陈黎,马君桐.率先为全民阅读立法 深圳又走在全国前列［N］. 深圳晚报,2014 - 06
- 28(A08).

［19］　张小玲. 全民阅读促进条例建议增加法律责任［N］. 南方都市报,2015 - 03 - 02
(SA34).

［20］　辽宁省人民代表大会常务委员会关于促进全民阅读的决定. 辽宁日报,2015 - 04 -
01(02).

第三章　全民阅读数字化资源
保障与引领

随着全媒体阅读时代的来临，多种移动终端设备的普及，电视、手机、pad 及网络等阅读媒介已经成为传统阅读向数字化阅读过渡的主导，给全民阅读的方式和阅读习惯带来了巨大变革。数字化阅读打破了传统阅读的束缚，以其丰富的阅读资源、先进的阅读技术，引领全民阅读推进与转型。数字化的阅读形态，其内容必然是良莠不齐，利弊兼存。为此，必须进行人为的监督控制，努力优化网络信息资源，为全民阅读提供优质的数字化阅读内容，这是推动全民阅读工程中数字化阅读运行的关键所在。

一、数字阅读被纳入全民阅读计划

2006 年以来，在党和政府部门的共同努力下，全民阅读计划逐步实施，阅读活动在全国蓬勃开展。2009 年中央宣传部、新闻出版总署联合发出《关于进一步推动做好全民阅读活动的通知》，要求各省市地区要不断创新全民阅读活动方式，加强重视发展数字化阅读形式，广泛吸引人民群众参与全民阅读[2]。为此，国家新闻出版总署科技与数字出版司针对数字化阅读飞速发展渐成主流的态势，召集组织了电信企业、官方主流网站、大门户网站、专业学术网站、原创文学网站以及一些重要的传统出版社，联合策划制定了"2011 年全民数字阅读活动方案"，主要内容是大力倡导和开展"红色数字阅读"活动[3]，系统的规划与部署数字阅读的相关工作。自从倡导开展数字化阅读以来，各项数字阅读工程正在如火如荼的建设中。2014 年，龙源数字传媒集团国家图书馆移动阅读专区全民阅读活动，被国家新闻出版与广电总局遴选为"2014 年全民数字阅读重点活动"[4]。2015 年初，由中国新闻出版研究院国民阅读促进研究中心等 300 多家成员，首批发起组成全民数字阅读联盟。

在国家有关部委的支持下，中文在线借助网络技术和全媒体技术等新的数字阅读方式，将全民数字阅读活动开展得有声有色，较好地推进了全民阅读计划实施。特别是在手机用户当中，中文在线提供的信息资源市场份额占69.5%，处于整个市场领先地位[5]。它创办了"书香中国"中国互联网交互阅读平台，依托这一平台，快速建立了读书网站和个性化网络书房等，随时可以开展网络读书活动，利用全媒体传播渠道将全民数字阅读活动，推广遍布全国城乡，辐射各行各业，参与人群已经过亿，成为全民阅读的重要组成部分。同时，国家数字图书馆工程加强建设，2004年4月正式起步，专门组建了数字图书馆管理处，理顺各方面关系，加强规划与实施力度。充分利用科学技术，抓紧构建全国数字阅读服务平台，服务全民阅读。2008年10月联合建设开通了中国盲人数字图书馆网站；2010年5月开通了"国家少儿数字图书馆"；同年推出了"县级数字图书馆推广计划"，为全国2940个县图书馆推送国家数字图书馆资源[6]；建立了中南海网站、国家图书馆立法决策服务平台。截至目前，国家图书馆已标准规范建设主导数字资源项目58个，其中23个资源建设子项目已提供读者服务。数字图书馆服务网络已经初步搭建，基于网络、手机、数字电视等多种媒体的服务正式服务于全民阅读[7]。

全民阅读活动在重视传统阅读的同时，大力倡导数字阅读，纷纷借助网络、手机等工具广泛开展数字阅读活动。虽然数字阅读给传统阅读带来了巨大的挑战，但是不同的阅读形式有着不同的阅读体验和阅读需求，两种阅读方式并非相互抢夺生存，而是共同融合并行发展，两者从不同的深度和广度正在推行这全民阅读计划的全面实施。

二、全媒体时代数字化阅读特征

(一) 多元丰富的阅读内容

全媒体时代的发展，出现了数字化阅读的形式，它逐渐淡化了传统的书、报、刊、广播电视等阅读媒介的局限。全媒体时代阅读内容数字化，使得阅读载体由纸质媒介，发展到带有声频、音频、图片和文字的多种媒体的数字阅读。数字阅读不仅可以"看"，还可以"听"，更可以"玩"，丰富多彩的内容深受人民群众的喜爱。五花八门的网络信息资源破除了纸质文献的束缚，在先进的信息技术支撑下，实现了全球范围，超越时空的信息共享，改变传统出版物种类单一，数量有限的状态。全媒体带来了信息的多元化，但多元化又伴随着知识资源的碎片化。这些碎片化的知识虽然很难融合形成知识体系，但是对于没有时间阅读的人们，碎片阅读是他们掌握信息知识的最方便的途径。

（二）微读盛行的阅读方式

全媒体时代的阅读，多种信息形态互相融合，可以从听觉、视觉和触觉等多种感知去体验阅读带来的快乐。快感和心理愉悦的跳跃式阅读和浅阅读，通过全媒体人们可以随时自由畅快地表达出对阅读对象的态度，并与其他阅读者或作者进行交流、研究、讨论，置疑释疑。移动式阅读最为普遍，通过移动阅读终端，人们可以边走边读、边看边读、边听边读，阅读报纸、小说、杂志、动漫等内容；微读方式逐渐盛行，微型小说、微型电视、微电影、微博客、微内容崭露头角，并逐渐在网络传播中占有一定地位。其基本特征是生产随意、内容微小、信息个性、社会参与。而微型内容本身也是网络媒体独有的信息内容生产方式和竞争力之一。

（三）随意开放的阅读环境

阅读环境的随意性主要体现在：读者阅读的自主性，读者选择阅读时间的随意性，读者选择阅读地点的方便性。由于网络的开放性，信息资源的开放获取性，使读者能方便容易地看到，以前花钱都很难买到的文献。读者的阅读环境由面对纸质图书，改变成直接与读者、作者对话，通过现代的博客、网页、论坛、微信等等交流方式直接读人；读者不再需要一个安静的地方，手捧一本书，而是无论在地铁上，还是候车室等等借助现代的移动终端设备随意阅读；读者由孤读变成热读，借助交流平台，读书网站，共同读书，品书；并从时空上打破了传统阅读造成读者与作者之间、读者与读者之间的沟通障碍，打开了传授双方互动的阀门。

（四）先进便捷的网络技术

数字化阅读从本质上回避纸质阅读的不足，更加及时、立体、便捷，体现了现代多媒体和网络技术的先进性。互联网不限制读者类型，没有国界范围，人们可以无阻碍地接入不受任何限制，使因特网承载无限量扩张态势。全媒体阅读打破了时空限制，利用网络文本的超链接电子书或其他阅读媒介，实现了不存在任何逻辑推演顺序的阅读形式，能满足各种心理的散点式、碎片化阅读，随机互动，方便快捷[8]。如微信、微博、QQ等平台，读者可以自由谈论、广泛交流，并随时更新，即时分享。在各种技术提供商提供的数字阅读软硬件支撑下，人们可以轻松整合网络上自己想要的信息，也可以根据自己的兴趣随时打断阅读，而进入新的搜索与新的链接。

（五）悠闲时尚的阅读行为

2012 年的全国国民阅读与购买倾向抽样调查表明，以消遣娱乐和兴趣爱好为阅读目的的读者数量大幅增加。当前，阅读内容中阅读率最高的是文学艺术、文化娱乐、时尚消遣和家居生活四类[9]。从这一层面上看，阅读作为一种行为活动已经成为时尚。在快节奏高效率工作学习和生活的时代，获取信息和接受教育已不是人们的主要需求，许多数字阅读都是为了放松心情、缓解压力与休闲娱乐。数字化阅读内容生动直观，读者通过手机、网络的搜索式、连接式、跳跃式阅读方式，可以在获取信息和学习知识的同时，更加感受到阅读的愉悦。兼顾其他时尚、流行、娱乐等影像阅读，均成为人们信息增加与解除疲惫的良丹妙药。

三、数字化阅读存在的问题

（一）数字化内容的监管漏洞

在网络数字时代，对电子数字资源、尤其是网络数字资源内容的监管十分重要。首先是数字阅读内容审查，个别数字图书的出版商，对数字出版物的内容审查不严，造成剽窃与盗版现象发生，导致触犯出版法律规范，不能给全民读者提供健康的数字阅读资源。其次是数字资源管理，有许多网络数字化阅读平台疏于管理，缺乏对网络舆情的监测，没有良好的内容审核、引导与监控手段，充斥着大量色情、广告、盗版内容和应用程序，不能防止不良信息对阅读者的侵害，难以保障网络信息服务健康有序地发展。

（二）网络资源法制不够完善

现有的网络资源保护方面的法律法规和各种行政监管条例不少，但随着网络的不断发展和问题的不断发生，现有的法律法规已经适应不了网络监管的要求，又没有适时修改已有法律或制定出新法律，对一些网络犯罪问题缺乏适用法律。例如网络反恐问题，目前在我国对网络恐怖活动就难以形成共同法律认知，欠缺打击网络恐怖活动的执法手段。由于缺乏打击互联网恐怖活动的专门规定，不法分子可以在网络上钻法律的空子胡作非为，管理部门对其网络虚拟犯罪依法应对不足，网络信息内容安全问题难以保障[10]。

（三）网络数字阅读难以自律

网络阅读已经成为青少年思想政治教育的重要阵地，对人们的正面教育效应毋庸置疑，但也不能否认网络阅读的负面影响。网络数字化信息十分繁杂，内容良莠不齐。在倡导和实现全民数字化阅读过程中，网络上许多不健康不文明、以假乱真、以次充好、让读者好坏难分的信息，充斥着阅读者（尤其影响青年人）的视觉，严重影响着青少年的心理健康。一些道德水准不高、自律意识欠缺的网民，很容易被误导或轻信谣言而落入骗局，导致社会不安定因素增加。这种网络阅读的道德自律意识培育是非常重要且棘手的问题。

（四）数字资源的规范与技术

数字资源的规范与技术问题是提供良好阅读环境的保障。一是数字图书的文件格式标准繁多，国内有清华同方、北大方正、超星公司等十余个格式标准，且必须下载专门软件才能阅读。此外，电子书阅读器和手机还另有标准。导致国内数字图书出版缺乏统一标准，数字资源转换阅读困难。二是阅读设备的技术不过关，如超星数字图书的文字分辨识别率存在很多问题，使得打印出来的文字内容走样。三是全媒体时代各种媒介设备的数字内容不能趋同，要多加开发和维护。这些数字资源的规范与技术问题也缺乏解决方案[11]。

（五）数字鸿沟导致信息不公平

城乡数字鸿沟的问题实难解决，虽然近年农村地区网民数量在迅速增长，但也掩饰不了城乡数字鸿沟横向差距扩大的趋势。据中国互联网络信息中心第三十五次报告数据显示，截止 2014 年底，农村网民占全国网民的 27.5%，总计达 1.78 亿人，比 2013 年增加了 188 万人，但还不如城镇新增网民 2929 万人的 1/10，2014 年城镇地区互联网普及率超过农村地区 34%[12]。城乡数字鸿沟的差距不仅仅存在于网民数量上，在网络阅读的内容上差距更大，如远程电子书借阅、触摸屏读报系统、移动阅读等阅读形式在农村很难实现，主要存在接入设备、资费、信息消费能力以及地区经济发展不平衡等问题。

四、数字化内容的监控与正能量引导

（一）完善网络监管立法，保障数字化阅读

网络数字化资源平台变化很快，博客、微信、微博等新兴事物迅速发展，

对于网络数字化信息内容的监控管理显得尤为重要，然而现有的网络保护法律法规已经不适应发展的要求，相关部门在沿用已有法律的同时，要适时修改或推出新的法律对网络内容进行监管控制。因此，修改相应的行政法规和补缺新的法规，治理网络内容安全，保障现有的法律架构更加完善的任务已迫在眉睫。①电子商务的发展势不可挡，要加强对电子商务交易安全的保护，纳入立法体系。②对网络违法、不良信息、垃圾邮件进行立法明确监管。③加强对个人隐私内容的保护力度，打击利用网络泄露、窃取、滥用个人信息行为，明确承担责任。④规定在网络上传播色情、暴力信息、散布恐怖信息和谣言等侵犯公民利益的行为的法律后果和惩戒方式。⑤制定规范网络监督的法律条文。⑥界定网络舆论监督中的知情权与隐私权、政务公开与党政机密、社会监督与造谣诽谤等各种法律界限。⑦明确规定网络舆论监督的形式内容、方法途径、权利义务以及网络侵权等法律责任。⑧明确监察机关对网络监督的受理程序、查证措施、反馈与奖惩办法等[13]。完善网络内容监管立法体系，规范管理、保护网络内容的健康安全发挥积极作用，保障全民数字化阅读摄取更多的正能量。

（二）统一行政管理机制，加强部门联动

目前，监管网络内容的各种行政管理条例主要来自于国家公安部、国务院新闻办网络局、工信部、新闻出版总署、广电总局等相关部门。这些部门的具体分工明确，定期开展网站内容检查，有规律地对网站进行干预和各种专项整治活动，控制网络信息资源解决网络安全等行政监管工作[14]。此外，还有教育部、宣传部、公安部等十多个部门负责管理互联网信息内容专门事务，呈现多头监管，互相交叉，责权不明、管理混乱，导致网络内容鱼目混杂，不良信息随意滋生。针对此种现状，建立统一的网络信息内容安全治理机制显得尤为重要。①确定工信部在中国网络内容监督机制中的主导地位；②明确工信部网络监督管理职责，以宏观调控为主，制定统一的网络内容监督评价标准；③注重对现有安全技术的升级换代，提供各种技术支持，如网络信息内容过滤软件、信息分级软件；④建立网络信息收集、评价、共享机制，提高处理应急事件的解决效率。同时，应整合各部门间分散的网络信息内容管理资源，由监管变为监督，各部门应当配合工信部的各项措施，加强配合和部门间的联动，更好的发挥行政管理对网络内容监督的辅助性手段。

（三）建立道德良性引导，严格自律模式

为保证网络数字化信息的相对纯净，要构建网络道德规范，弘扬中国传统文化，提高网络文化文明建设，提高数字化资源生产商和网民的道德水准，促进自律意识的形成。①通过网站、论坛等模式，采用启发式回帖、点评、互动等方式引导网民遵守网络道德规范。②定期开展各类宣传普及教育讲座，加强道德伦理学习，远离不良信息，净化阅读空间。③培育青年学生的网络道德，对规范网络自律与网络文明做出明确规定，引导学生的网络行为。④引导他们弘扬传统文化，提高道德风尚，净化网络内容，加强未成年人网络信息安全的保护意识。⑤在图书馆等公共场所的网络平台安装信息过滤软件，净化网络内容，创造网络绿色空间[7]。同时，仅仅依靠政府对网络内容的安全治理和网民道德素质的提高，无法阻止恶意信息的散播。因此还应采取：对网络运营商、主流网站、互联网协会等行业建立严格的行为准则，导向行业道德严格自律，主动过滤并投诉危害国家安全、泄露商业机密、个人隐私、暴力色情等违法的网络信息内容。建立行业激励机制，推广积极向上的网络活动，开通热线报告制度，发现问题要与热线联系举报或通知警方，对于举报方应给予相应奖励。

（四）提升网络技术，强化网络监管能力

网络技术手段对网络内容监督的作用十分重大。目前，国外主要采用的是"分级"和"过滤"系统来管制网络内容。分级系统最为著名的是PICS系统，过滤系统主要是采取对服务器和客户端双重过滤的方法，实现过滤有害信息，保护用户免受不良信息侵害的目标。这两种方法虽不是最先进和最智能，但比较卓有成效。中国的过滤软件投入使用后，出现破解容易、涉嫌侵权、发生软件冲突、损害用户安全的现象。对此，急需提升网络技术的监管能力。①吸取国外先进技术，加快推进网络信息安全相关技术研发，提升安全防护系统的整体水平，以应对复杂多变的网络攻击。②加强专业技术人才的培养和技术水平的提升。学校要普及计算机安全课程，企业要吸纳信息安全的专门研究人员，政府机关培养安全管理人才，提高网络技术监管水平。③注重信息系统的基础设施建设，加快信息化战略的发展。在学校、图书馆、银行、车站、社区等公共场所建设连接互联网的信息平台，方便民众自由享用网络。④推进电子政务建设，建立各个职能部门间的信息共享交流平台。

（五）传播正能量，引导全民数字化阅读

网络数字化资源传播的能量巨大，尤其网络资源对社会与人类的作用无与伦比，因此在全民阅读活动中，图书馆数字化阅读引导工作不可或缺。①引导阅读助推科研事业的发展。科学研究离不开网络材料的支撑，信息平台的利用是完成科学研究的重要因素，数字化兼备了材料来源和发表信息的科研平台。②引导阅读营造和谐的人际关系。数字阅读能让沟通的双方在心理上感受到彼此的存在，建立良好的人际互动和亲密感，是传播和营造和谐人际关系的理想平台。③引导阅读缓解读者的心理压力。数字阅读内容的丰富，阅读方式的便捷成为人们缓解、释放压力和困扰的有力武器，是人们获得某种心理满足的重要方式。④引导阅读提高读者的综合能力。数字阅读依托全媒体、超链接和网络平台，使读者在寻找阅读内容的同时，学会检索方法与技巧，学会判断、利用与传播，培养各类网络红人。⑤引导阅读开辟图书馆服务新天地。各种数字图书馆的开通，为读者开辟了崭新的数字阅读领域，读者可以身临其境的阅读音视频、图像多媒体内容。

（六）缩小数字鸿沟，平衡信息权利

城乡数字鸿沟问题由来已久，其原因主要是由经济水平、教育水平和地理因素等差距决定的。它是城乡居民在经济和社会发展过程中所存在的差距在信息技术方面的客观反映，只要城乡还存在差距，数字鸿沟必然存在，但我们必须设法缩小这种差距。①政府应充分发挥组织领导的作用，加强国家立法规划、资金投入、政策扶植和协调管理，建立多元化投资体系，促进农村信息化的建设。②加大农村信息化建设力度，制定农业信息化的中长期规划，争取在全国范围内实现县县通移动、乡乡通电话，实现农村信息化工程，建立地方农业信息体系。③加速农业信息网络建设进程，充实农业信息资源数据库，实现开通现代远程教育，网络促进科学种田。④提高农民信息意识和信息技能，政府机构和主流媒体应积极作为，为农村网民提供了解和熟悉网络的技能引导。⑤加强农村网络的融合与铺设以及自动程控交换机的建设，并且尽最大可能降低农民的网络消费成本，均等农民的信息权利。如何解决城乡数字鸿沟的方法需要深入探索和创新，人们不应指望以网络来改变城乡差距，而是应该促进社会经济发展、缩小城乡差距，进而带动农村网络普及，填平数字鸿沟[12]。

参考文献：

［1］　罗鑫.什么是全媒体［J］.中国记者,2010(3):82-83.

［2］　王坤宁.中宣部新闻出版总署联合部署今年全民阅读活动［EB/OL］.［2015-02-26］.http://www.gapp.gov.cn/contents/2018/115010.html.

［3］　苏静.2011年全民数字阅读活动突出"红色数字阅读"［J］.全国新书目,2011(7):20-21.

［4］　全球期刊门户.龙源移动阅读活动成为2014年全民数字阅读重点活动［EB/OL］.［2015-02-26］.http://www.qikan.org/Article/10499.html［2014-08-28］.

［5］　隋笑飞.推动全民阅读多读书读好书［N］.人民日报,2009-04-06(04).

［6］　潘衍习.县级数字图书馆推广计划启动［N］.人民日报海外版,2010-02-22(08).

［7］　索有为,奚婉婷.广东揭全民阅读大幕 官方倡导数字阅读［EB/OL］.［2015-02-26］.http://www.chinanews.com/cul/2012/04-23/3839490.shtml.

［8］　冯华,王晶.浅析新媒体阅读时代的阅读特点［J］.辽宁农业职业技术学院学报,2012(1):63-64.

［9］　郝振省,魏玉山,徐升国.我国国民阅读与购买倾向又有重要变化［J］.中国编辑研究,2007(5)150-157.

［10］　张立伟.打击网络恐怖主义亟需法律支持［N］.学习时报,2015-01-26(A5).

［11］　仇壮丽,吴晓奕.数字化阅读存在的问题与图书馆的对策研究［J］.图书情报工作,2012(11):18-23.

［12］　杨文明,朱家顺.三问城乡数字鸿沟:地区经济发展不平衡成深层原因［N］.人民日报,2015-02-26(14).

［13］　中华人民共和国信息产业部.互联网电子公告服务管理规定［EB/OL］.［2015-02-26］.http://www.gov.cn/.

［14］　史永铭.论网络反腐的监督功能［J］.管理观察,2011(11):84-87.

第四章　全民阅读活动中激励策略之运用

中国倡导的全民阅读，已于2012年写进中国共产党第十八次全国代表大会工作报告，2013年作为国家发展战略已入国务院政府工作报告，使全民阅读活动升级为全国规模的、有组织、有计划、目标明确的重要文化系统工程，升级为提高国民素质、提升中国文化软实力、增强国际竞争力的国家发展战略。全民阅读活动已在全国范围内广泛深入的开展，营造书香社会氛围的热潮已经掀起。在全民阅读工程的推进过程中，为了延伸拓展全民阅读活动的范围和影响力，促进全民阅读战略新常态化发展，活动的组织领导部门采取激励的措施来推进阅读活动十分必要。那么，如何运作使激励机制与全民阅读活动有机的结合，形成一套与时俱进、行之有效的完整的激励体系，推动全民阅读活动的健康发展，是本文研究和探索的主旨。

一、激励及其在全民阅读活动中的作用

（一）激励的含义

所谓激励，是利用某种外部诱因使人产生一种内在的心理动力，向所期望目标前进的心理过程。也就是组织通过设计适当的外部奖酬形式和工作条件，依据一定的行为规范和惩罚性措施，借助活动和信息沟通，来激发、诱导、推动和规划人的行为，调动人的主动性和积极性，让人们自觉自愿地努力工作，有效实现组织及个人预期目标的一项系统活动，并创造好的绩效[1]。这一定义内容主要包括：①激励的出发点是满足组织和个人的外在和内在性需要。②科学的激励活动需要奖励和惩罚并举。③激励需要耐心，锲而不舍地贯穿于工作的全过程。④组织活动的信息沟通要贯穿于激励项目的始终。

激励作为人的一种内在的心理活动过程和状态，不具有外部状态可以直接观察。但是，由于激励对人的行为具有驱动和导向作用，所以透过人的行

为表现及效果可以对激励的程度加以推测和测定。激励过程与人的行为表现不可分，是在行为过程中发生和进行的。人的行为表现所取得的效果很大程度取决于他所受到的激励程度和水平，激励程度越高，可能行为表现越积极，所取得的效果也就越大，二者为正相关系[2]。

　　（二）全民阅读的现状和激励的原因

　　从中国新闻出版研究院组织实施的全国国民阅读调查情况来看，自 2006 年倡导全民阅读活动开始，2007 年国民图书阅读率开始止跌回升。根据第七次全国国民阅读调查显示：国民中知道有阅读活动和阅读节的为 5.6%，确定身边没有阅读活动或读书节的为 74.4%，不知道身边是否举办过阅读活动的为 20%，希望当地有关部门举办阅读活动的为 65.5%[3]。第八次全国国民阅读调查显示：2010 年我国 18 周岁 ~70 周岁国民近六成认为自己阅读数量较少，国民中认为当今社会阅读对于个人的生存和发展来说很重要的为 69.1%，同时有六成以上国民希望当地有关部门举办阅读活动[4]。这一现状表明我国国民对阅读作用的重要性认知度较高，国民希望当地举办阅读活动的要求和呼声较高，因此今后加大力度在全国开展全民阅读活动非常必要。

　　虽然我国全民阅读活动的规模不断扩大，辐射力和影响力日益显著，国民阅读率连年提高，取得了令人欣喜的巨大进步。但是调查结果不容乐观，有 90% 以上国民不知道存在阅读活动和阅读节，有 74.4% 的国民身边没有阅读活动或读书节，还有 65.5% 的国民希望当地有关部门举办阅读活动……由此看来，我国全民阅读活动还存在辐射不到的大面积死角，全民阅读工程任务十分艰巨，对全民阅读活动的推广和引导工作的进一步开展提出了更深的思考与要求。为了继续做好常规全民阅读工作，扩大阅读辐射力，调动全体国民自觉参与阅读和积极推广阅读活动，激励手段是最佳选择之一。激励理论，从现代管理心理学的角度理解，即是关于如何满足人的各种需要、人的积极性调动的原则和方法之概括总结。激励的真正目的就是激发人的正确行为动机，调动人的积极性和创造性，充分发挥人的智力效应，取得更大的成绩[5]。根据这个理论，在全民阅读活动中引入激励机制，一定会收到预期的效果。

　　（三）激励对于全民阅读活动的作用

　　激励是人类活动的一种心理状态因素，是开发人的能量资源的重要内容。在全民阅读工程中实施激励手段，具有加强、激发、推动、引导民众的阅读行为使之朝向活动目标而积极努力的良好作用。一般认为，所有内心要争取的事物、条件、需要、希望和动力等都构成对人可行的激励。激励是用来缩短目前实际状况与理想目标之间差距的手段或工具，是引导个人以主动积极的态度与方法，朝向激励者引导的特定的目标前进。

在全民阅读活动中，实施激励措施的主要作用在于：①有助于推动与激发人民群众热爱阅读的主动性和自发性，促进能量的充分释放，提高全民阅读活动的推广率。②有助于促使广大社会民众学有动力、学有压力、学有成效，提高全民阅读活动的绩效。③有助于培育社会民众好读书、读好书、读书好的阅读习惯与风尚，努力创建书香中国。④有助于采取各种激励方法调动社会民众读书热情，增强全民阅读活动组织的凝聚力。⑤有助于总结和表扬全民阅读活动中涌现出的先进单位、先进个人和优秀项目，影响和带动读书热潮。⑥有助于人民群众实现社会交往和开阔视野，丰富文化生活，也增强了活动组织者的凝聚力和责任心。⑦s 有助于大力推广全民阅读活动，促进提升广大民众的文化素养，实现提高国家文化软实力，达成国家与个人双赢的目标[6]。

激励在全民阅读活动中的作用十分明显，只有恰当地运用激励手段，才能尽可能地调动阅读的潜能，激发民众的读书兴趣，使全民阅读活动收到事半功倍的效果。全民阅读活动十分需要激励手段的推动与促进，激励机制运用的好坏在一定程度上是决定全民阅读活动兴衰的重要因素之一，因此，相关领导部门在推动开展全民阅读活动中，如何科学运用激励手段是值得认真研究和面对的重要问题[7]。

二、全民阅读活动中激励手段的运用措施

（一）借鉴国外经验制定符合国情的激励措施

世界各国都很重视全民阅读活动，并制定了不同的国家推动政策和激励机制。美国十分重视全民阅读，专门制定了法律法规，1996 年当时的总统克林顿签署发布了"美国阅读挑战计划"，为了动员全国民众帮助儿童提高阅读能力而投入了 27.5 亿元的激励资金。英国、德国、俄罗斯、日本、墨西哥、葡萄牙等诸多发达国家为了推进全民阅读，不仅以购书经费、阅读基金等实施激励机制的方式促进全民阅读，还制定出各种各样的激励措施[8]。中国在开展全民阅读工程中，需要借鉴发达国家推动全民阅读的经验和做法，尤其

是各国对全民阅读活动的激励策略，制定和创造出符合中国国情的全民阅读活动激励政策和策略，以达到推进全民阅读的目的。

（二）明确建立全民阅读激励机制的原则

中国建立全民阅读的激励机制，要坚持以人为本的原则，满足社会不同类型读者的需要，最大限度地激励每一位读者的阅读积极性，培养人民群众的阅读习惯；坚持目的性原则，按照全民阅读战略计划来引导人民群众的阅读方向，实现个人阅读与全民阅读目标相一致；坚持系统性原则，激励机制要运用系统思想来构建，保障各类人民群众阅读绩效与全民阅读工程目标总体趋同；坚持针对性原则，针对读者的不同年龄、知识、背景、需求等层次选择不同的激励方式；坚持适度性原则，即根据读者的心理特点、兴趣爱好及个性需求来选择相应的激励方式[9]。

（三）科学选择全民阅读活动的激励手段

激励的措施手段多种多样，但全民阅读工程不同于其他活动，要根据读者对象的不同，选择最有效的激励手段。全民阅读活动实施的激励措施，应以精神激励、舆论激励、荣誉激励为主导，进一步激励全民阅读。例如，第14届北京国际图书博览会颁发的"中华图书特殊贡献奖"；宁波梅山保税区设立的"全民读书征文奖"；北京市2012年评选的50个最具影响力和感染力的"书香家庭"[10]；天津市举办的"十佳书香家庭"、"十大藏书家"、"十佳特色藏书人"评选活动[11]，激励形式灵活多样，旨在引导出版部门多出书、出好书，广大民众多读书、读好书，促进全民阅读。

（四）注重全民阅读激励运行的层次性

激励是全民阅读管理系统的子系统之一，其中激励层次性是激励系统的重要特征。激励系统由高层激励、中层激励和基层激励的层次构成，高层激励体现激励的"上层制度"层面，中层激励体现激励的"中层管理"层面，基层激励体现激励的"基层操作"层面。基层操作与中层管理以上层制度为运行背景，是上层激励制度的表现，上层制度构成了中层管理与基层操作的约束制度，领导中低层实施激励。激励层次之间的差异性表现为不同激励层次的作用和影响不同，如国家选聘的全民阅读形象代言人与社区选举的形象代言人的影响和作用不同。其联系性则表现为低层激励的实施体现了高层激励的功能和作用，如基层阅读先进个人、书香家庭的评选体现了高层激励的功能和作用。由于激励是从高到低的方向运行，因此要注重高层制度、中层管理和基层操作各个层次的优化配置和运行[12]。

（五）复合激励模式优化配置激励资源

全民阅读的激励手段有很多，要根据开展活动的内容、形式和目标来决定激励的方式与力度，采取复合激励模式最能发挥效能。物质激励与精神激励二者相辅相成，如果只重视强调一种而忽视另一种的做法都是片面的，激励的效果和调动作用将会大打折扣，只有二者互相补充，才能进一步激发读者的积极性。与此同时，各种竞争激励也普遍存在。激励作为人的一种心理活动过程和内在状态，对人的外在行为具有驱动和指向作用，因此，人的外在行为表现很大程度取决于所受到激励的程度和水平，激励的程度越高则行为表现越积极，取得的效果也就越好。二者呈正相关系。应将激励资源优化配置给能明显改善阅读条件和能带来最大增量效应的读者对象，将会使激励机制发挥更大的功效[13]。

三、全民阅读活动中激励手段的运作模式

（一）政策激励

政策激励，主要是国家政府从全民阅读发展战略、政策取向、文化资源配置、文化惠民工程投入等方面，借助政府财政政策与其他经济政策的配合行为，来推动和促进全民阅读活动的开展，发挥各级政府对本地域全民阅读活动的导向和激励作用。如截至2012年8月底，国家政策性投入资金180多亿元，共建成600 449家符合标准的农家书屋[14]。各级财政和有关部门要安排专项经费，为全民阅读提供财力保障。政策激励能改变区位文化资源的分布，优化地区开展全民阅读活动的条件和服务保障，对全民阅读产生积极的外部效应。另外，组织开展地区阅读状况调查，适时发布阅读指数报告等，也是一种考核激励机制。各级政府要加快脚步建立健全全民阅读的政策激励机制，通过政策激励促进全民阅读的开展。

（二）物质激励

物质激励，是指采取物质奖励的手段，使受激励者获得物质奖励来调动其主动性、积极性和创造性，激发其参与阅读或从事推动阅读的动机。物质激励主要是利用人们对金钱、物质、财产等的占有欲望，吸引受激励者为了

获得物质利益而发自内心的积极主动力量。物质激励分为奖金激励和实物激励的形式。对于阅读者的激励可选择实物奖励为主，如精品图书、惠民购书卡（券）等；对于阅读活动优秀组织和推广等管理部门的激励适合选择奖金或实物，奖金可充作开展活动的基金。实物奖励不宜过多且应富有变化。同时要制定奖励方案、奖励标准、奖励等级等。奖励是一种正强化激励，它的出发点是对优秀读者及优秀阅读推广人的行为给予肯定与表扬，促进热爱读书和积极推广阅读行为得到巩固和保持。

（三）精神激励

精神激励，即内在的无形激励，是从满足人的精神方面的需要出发，对人的心理施加一定的影响，从而产生影响力、激发力而改变人的行为。精神激励一般多采取荣誉激励、榜样激励的形式。如根据读者借书数量颁发优秀阅读者、五星读者等荣誉称号；根据开展活动评选书香家庭、书香社区、书香企业等荣誉牌匾。以荣誉来刺激读者产生阅读欲望、兴趣、动力和成就感。榜样激励是利用阅读形象代言人、示范书屋管理员授牌或阅读典型人物等行为效应产生的号召力和说服力，通过感染来接受榜样人物和典型事迹的熏陶，进而自觉地以榜样人物为样板，形成良好的阅读行为习惯。榜样的力量是无穷的，因此要恰当地树立榜样，善用榜样激励的方式调动读者的阅读积极性。

（四）竞赛激励

竞赛激励即竞争性激励。竞争激励也是推动全民阅读发展机制中的组成部分，竞争本身就是一种激励，甚至是一种生存意义上的激励。通过各种竞赛来激励读者阅读的积极性是一种比较好的途径，对于推动全民阅读作用很大，竞赛激励式阅读方式在读书节和全民阅读中有着广阔的活动发展空间。如知识竞赛、读书征文比赛、演讲比赛、家庭读书竞赛等等。通过竞赛激励可提高读者阅读的兴趣，提供强者展现自己的舞台；提高读者阅读的积极主动性，为了在竞赛中获得好成绩而主动下工夫；提高读者的语言表达和写作能力，竞赛活动能促进思考、写作和表达能力。此方法的运用在某种程度上会使全民阅读活动更活跃、更充实，更有积极意义，从而实现读者的快乐阅读。

（五）舆论激励

舆论激励，主要是指依据社会公德和职业道德规范，广泛营造舆论氛围，使被激励者产生荣誉感和责任心的激励方法。荣辱之心，人皆有之，趋荣避辱，世之常情。舆论激励主要方式是通过报纸、广播、网络、微媒体等对阅读事迹进行宣传报道；利用会议、文件、报刊、墙报、网络等宣传媒介表扬推广先进人物事迹，运用媒体舆论的影响力，形成良好的公众或集体舆论，创设受激励者良好的心理环境和形象，营造热爱读书的社会氛围，引发全民阅读的社会效应，发挥舆论引导的作用，倡导全民阅读。"赞赏"和"表扬"是最好的激励，直接反映了对阅读活动组织者和读者个人的充分肯定以及高度评价，是满足他们自尊需要的一种重要激励手段，让他们感受到重视、尊重和自豪。在实施舆论激励的过程中，注意舆论要合理可行，切忌表面夸大制造轰动。

（六）目标激励

目标激励，对人的阅读行为起到导向和激励的作用，通过制定适合的读书目标，诱发人的阅读动机和阅读欲望，达到积极参与阅读的目的。更主要的是目标对人具有一定的吸引力并产生积极的情感，目标吸引力的大小，直接导致阅读动机的强弱[15]。组织者在组织读书活动时，应把活动和现实有机地结合起来，既要做好常态化阅读引导，又要结合全民阅读的发展趋势，科学地推荐好书引导阅读方向，使读者由"让我读书"到"我要读书"。社会读者自身的目标差异性比较大，有的是为谋职应试而读书，有的是希望继续深造，还有的是闲暇阅读，这些目标的制定必须具有时代性、可行性和适度性，才能使目标产生激励作用。我们应该针对不同的群体，设置不同的目标，提出不同的要求，使其在不断实现目标的心理优势下，向更高的目标攀登。

四、实现良好激励效能助推全民阅读

激励，既是一门领导科学，也是一门管理艺术；既是一条必须坚持的重要原则，也是一种工作手段和策略方法，激励就是一种刺激。在推动全民阅读活动中各种激励策略不是割裂的，而是相互交叉甚至部分包容。因此，实践中应注意将精神鼓励与物质奖励相结合；个人激励与组织激励相结合；内因激励与外因激励相结合；物质激励与制度保障相结合，激励方法紧密互动，互为补充，相辅相成，使激励过程实现不断的良性循环以达到促进作用。全民阅读活动的激励要从实际出发，根据不同的活动形式与内容，把握合适的激励时机与激励幅度，不断发现激励的新领域，探索管理实施的新方法，多种激励策略相结合,进而创新激励手段,以达到理想的激励管理效能。同时,建立一套评价方式和奖励办法,采取激励助推措施,逐渐形成激励制度作保障,将激励贯穿于全民阅读活动的全过程,其助推作用肯定具有长效性,因此,激励应成为全民阅读推广活动中一个永恒的话题。

参考文献:

[1] 于一. 建立个性化激励制度的意义与方法[J]. 人力资源管理,2012(5):36-37.

[2] 徐彦妮,赵红. 中泰文化背景下的员工行为与激励关系模型研究[J]. 科技管理研究,2010(23),130-135、139.

[3] 毕磊. 第七次全国国民阅读调查成果发布[J]. 传媒,2010(5):40-41.

[4] 中国新闻出版研究院全国国民阅读调查课题组. 第八次全国国民阅读调查成果十大结论[J]. 出版参考,2011(13):8-10.

[5] 张小永. 激励理论的综述及其启示[J]. 当代教育科学,2004(6):48-49.

[6] 王萍. 企业文化对员工激励的作用探讨[J]. 中国市场,2008(9):60-61.

[7] 杨亦军. 在华日资中小型企业人才队伍激励方案研究[D]. 同济大学硕士论文,2006.12-15.

[8] 肖文,李仕明. 多层次激励系统可靠性敏感分析[J]. 管理学报,2006(5):533-536.

[9] 吴振忠. 晋级激励机制在图书馆阅读推广活动中的运用研究[J]. 大学图书情报学刊,2011(3):21-24.

[10] 吴娜. 书香家庭:社会最美的细胞[N]. 光明日报,2012-11-20(09).

[11] 房智琦,王振良. 天津市十大藏书家十佳书香家庭评选引市民关注[EB/OL]. [2014-12-25]. http://news.enorth.com.cn/system/2010/05/25/004714773.shtml.

[12] 樊秋萍. 构建全民阅读长效机制[J]. 前沿,2013(4):98-100.

[13] 王辛培. 阅读推广活动机制创新研究[J]. 图书馆界,2013(1):80-82.

[14] 金武刚. 农家书屋与农村公共图书馆服务体系融合发展探析[J]. 中国图书馆学报,2014(1):84-89.

[15] 余游. 国有企业管理者行为与目标激励[J]. 云南师范大学报,2012(3):117-120.

第五章　全民阅读志愿者队伍及其支撑作用

在 2015 年 3 月召开的两会中，全民阅读工程得到了党和国家政府的高度重视，读书学习的理念逐渐成为中国百姓接受的生活方式和认同的价值观念。为推进掀起全民阅读的热潮，应采取多种形式宣传和服务全民阅读，很多群众性阅读行为需要引导和劝读，大量适合全民阅读的优秀书刊需要推介，更多的读者阅读与交流环境需要营造，各种各样丰富多彩的阅读活动需要组织，特殊和弱势群体读者的阅读权利需要保障，最重要的是要有广泛的社会民众参与。那么这些工作由谁来做呢？全民阅读的伟力之最深厚的根源存在于民众之中，其最佳选择就是建立起能支撑这项全民性阅读活动的中坚力量——全民阅读志愿者队伍[1]，由志愿者承担系列阅读推广和宣传的责任与义务，活跃在全民阅读系列活动中引导广大市民"多读书、读好书、善读书"，以积极有效方式引领和推动全民阅读。

一、全民阅读志愿者队伍及其涵义

（一）全民阅读志愿者涵义

志愿者（volunteer）一词来源于拉丁文中的"voluntas"，意为"意愿"。联合国将其定义为"不以利益、金钱、扬名为目的，而是为了近邻乃至世界进行贡献活动者"[2]。中国大陆和港台地区对志愿者（volunteer）的译法有所不同，在国内几乎都称为志愿者；香港地区大多称为义工；台湾地区则称为志工，称呼的差别不大，其涵义基本一致。普遍认为，志愿者（义工、志工）是自主自愿奉献个人的时间、精力和劳作，为推动人类发展、社会进步和社会福利事业提供无偿服务的人员[2]。志愿服务（volunteer service）则是任何人自愿贡献时间和精力，在不为物质报酬的前提下为推动人类发展、社会进步和社会福利事业而提供的服务[3]。志愿者服务具有志愿性、无偿性、公益性、组织性和持续性的特征与意义。志愿者不单是参与义务劳动，而是从事一项对社会有价值的劳动;志愿者所做的公益劳动不仅对别人有利,对培养自己的品质也更有价值。

(二) 全民阅读志愿者队伍现状

在中国,伴随着改革开放产生了志愿服务这一新生事物。青年志愿者行动自1993年启动以来,取得了重大发展,国内最大的志愿者组织"中国青年志愿者协会"成立于1994年12月。青年志愿者协会组织诞生以来,着力在全国培育各类志愿者服务社团组织,采取重点项目服务的方式,吸引和招募各阶层人士和社会青年参与志愿者队伍,重点开展抢险救灾、扶贫济困、社会活动服务、支教助学、助老扶幼、医疗保健、科普环保、无偿献血等服务项目。志愿者服务履行了一项重要的社会公益事业,实现了一种高尚的社会行为,弥补了政府人力资源不足,在维护社会安全稳定、服务经济建设与社会道德构建等方面做出了突出的贡献[4],形成了很好的社会影响。

我国大规模倡导推广全民阅读活动始于2006年,相继出现了民间读书会和专项推广全民阅读的自愿者团队。如2010年湖南省长沙市图书馆组织成立了"长沙市图书馆青年志愿者服务队",2013年正式更名为"长沙全民阅读推广志愿者联合会"。该会一直致力于长沙市图书馆的各项服务读者公益事业,参与活动的志愿者多达800余人[5]。2012年7月,河北省全民阅读活动组委会办公室开始面向社会招募"全民阅读志愿者",呼吁有爱心、乐于推广全民阅读的社会各界人士,都可以加入全民阅读志愿者的队伍[6]。2014年9月,湖南省资兴市图书馆成立了"党员志愿者"服务团队,服务于基层阅读第一线,为推动本地全民阅读增添亮色。2015年1月,江苏省淮安市"目耕缘读书会"举办的全民阅读志愿者宣誓仪式,在周恩来童年读书处旧址举行。这个志愿者团队近600余人,残疾人、老人、孩子是志愿者重点服务的群体,开展的阅读活动形式多样[7]。浙江省嘉兴市构建了一支强有力的全民阅读专项志愿者团队,团队配置275名志愿者,分为四个小组,分别专项服务于"残障人士"、"流动儿童"、"自闭症家庭"、"全民阅读"等领域,志愿者全年公益服务时间累积高达12 960小时[8]。凡此种种,不一而足。尽管如此,全民阅读推广专项自愿者团队的规模仍是方兴未艾,亟待加强建设。

(三) 阅读志愿者队伍建设中存在的问题

阅读志愿者队伍虽然出现与发展已有几年时间,就其活动的效果来看让人不敢恭维,阅读志愿者队伍建设中确实存在许多问题。①缺乏行政力量的推动。至今没有国家行政层面上的倡导和号召，阅读志愿者远不如其他志愿者更有号召力，直接导致阅读志愿者招募遭到冷落。②缺乏必要的经费扶持。许多阅读志愿者开展活动都面临场地和资金短缺的问题，已经成为阅读自愿服务活动的瓶颈。③有效激励机制单薄。一些阅读志愿者不仅奉献时间和精力，还要自投经费，却得不到社会的鼓励和支持，打击志愿者的情绪。④缺乏志愿者管理制度。已经组建的阅读志愿者队伍因缺乏内部管理制度，导致人员分散，运行效能低。⑤阅读志愿者分布的局限。阅读志愿者队伍的活动任务长期艰巨且不易见效，导致现有志愿者队伍的人数很少且主要分布在大城市，在农村鲜有阅读志愿者活动的行踪。由于诸多问题的存在，影响了阅读志愿者工作的规范化和长效发展。

二、全民阅读志愿者队伍的支撑作用

（一）人民群众阅读的劝读者

阅读虽然是个人的事情，可正因为冠以"全民"，便涉及千人万众，注定要成为一项个人自愿参与、社会各方协同开展的群众性文化活动。实践证明，要全面推广全民阅读，普及全民读书活动，建立志愿者队伍，通过志愿者的发动和沟通，吸引更多的群众自愿参与，并引导、鼓励、帮助广大群众对阅读活动产生持续的热情和兴趣，是一个行之有效的做法。志愿者通过宣传与劝读，群众可逐渐明白，现代社会，书是智慧之门的钥匙，书是人类进步的阶梯，书是致富的信息，书是人类的营养品。阅读虽不能改变人生的长度，但可以改变人生的宽度和厚度。通过志愿者的劝读人们可以与智者交谈，与伟人对话，可以视通四海，思接千古。

（二）弱势群体阅读的帮扶者

全民阅读活动的开展有很大的局限性，在我们身边还有很多阅读盲点，还有一双双期待阅读的眼睛，他们需要志愿者的帮助，善行善举的"全民阅读志愿者"就成为关爱助读的帮扶者。他们走入山区、农村、福利院、社区开展助读活动，宣传读书的益处，引导和帮助身边的人及需要帮助的人有书读、爱读书、会读书，培养阅读习惯，同时尽可能帮助贫困地区建设书屋。志愿者的每一分努力，都能让那些期待读书的人离快乐阅读更进一步；志愿者的每一分辛苦，都能为渴望读书人的生活增添文化的光彩；志愿者的每一份热情，都会让更多的人投入全民阅读的热潮中来[1]。志愿者通过帮扶阅读传递爱心，通过帮扶体现知识的力量。

（三）人类知识与信息的传播者

阅读可使人们在超越世俗生活的层面上，建立起精神生活的世界。一个人的阅读史，即是他的心灵发育史。停止阅读就意味着切断了与世界、与心灵的沟通，人生也就进入了死循环。因此，阅读能让知识转化为力量，阅读可以拯救人生。人们必须相信，读书与不读书，读书多与读书少的人，所表现出的内在气质与素质是绝不相同的。全民阅读志愿者推广阅读的行动，让缺乏阅读习惯、没有读书条件、不会读书的群体享受到读书的快乐，体验到知识转化为力量的效果，这时推广阅读志愿者连同阅读成为青少年激励与"成长之父"。因此说阅读志愿者是知识转化力量的传播者。

（四）国家文化惠民政策的沟通者

党和国家的文化惠民政策需要向民众有效传递；全民阅读活动的开展启动取决于有效的沟通；阅读活动进程的评价和绩效的反馈也需要沟通达成，沟通的效果好，组织管理开展活动效果就好。全民阅读志愿者的工作传递了国家政府文化惠民的思想，使社会民众理解和接纳国家文化惠民举措，更好地实现全民阅读活动的组织管理。所以，沟通是理解力，只有在接受者的理解范围内能被理解的才能被沟通，达到最佳沟通效果。沟通是期望，社会民众喜欢听志愿者的宣传和引导，甚至能使本来观点偏颇的人自我改正。沟通是创造要求，沟通者一般要求接受者成为响应和热爱所开展的阅读活动。全民阅读志愿者真正发挥了国家文化公益惠民政策的有效沟通者和落实执行者的作用。

（五）全民阅读正能量的制造者

全民阅读志愿者爱心奉献、推广阅读的行动本身即拥有正能量，可以促进人们读书行动，影响人们的信念、情绪和意志力。它通过一系列的引导阅读，提升被帮扶者内在的信任、豁达、愉悦和进取，可直接激发人们的潜能，引爆内在的正能量；规避自私、猜疑、沮丧、消沉的负能量，将被帮扶者的心理垃圾转化为积极温暖的活力，当志愿者赋予的正能量持久稳定地制造并积聚起来，有效使用，人们就能驱散负能量的黑暗，人生不断走向精彩。被帮扶者通过接纳志愿者的奉献精神和阅读引导，获得知识、信息和正能量，消除知识的匮乏和内心的阴暗面。可以说，全民阅读志愿者是正能量的制造者，是给予社会弱势群体文化正能量的心灵导师。

（六）全民阅读工程的支撑者

许多志愿者加入到全民阅读的推广工作中来，他们投入大量的精力致力于全民阅读志愿服务活动，凭借自己的默默付出，汇聚起善思善念、善行善举的强大力量。他们抽出规定的时间，走进贫困地区、关照留守儿童、帮助残障人群、建设社区文化，通过图书捐赠、伴读、助读、展开阅读志愿服务。他们的工作完全可以抵挡、招架和支撑全民阅读活动的局面，成为全民阅读推广的强力支撑者，为大型集中或小型分散的全民阅读活动提供集中支撑服务，彻底解决了全民阅读活动欠缺人力资源和缺乏操作能力等问题，实现了政府和民间的通力合作，让更多民众享受到了阅读的快乐。

（七）全民阅读工程建设的多赢战略

全民阅读专项志愿者活动对于社会而言：首先，通过阅读服务把奉献与关怀带给社会民众的同时，传递了爱心，传播了文明。其次，提供了社交和互相帮助的机会，促进人们之间的交往与社会和谐。再次，在解决社会突发事件、大型活动等政府人力资源的缺乏，维护社会安定和谐，服务社会文化建设与民众道德素养构建等方面发挥了重要作用。对于志愿者个人而言：一是无偿奉献社会，为社会公益尽一份公民的责任和义务；二是丰富生活体验，可加深对社会的认识，有利于自身成长；三是创造学习机会，在帮助别人的同时，可以培养自己的综合能力[9]。因此，全民阅读专项志愿者队伍的构建是一项多赢战略。

三、全民阅读志愿者队伍构建运行方式

（一）由青年志愿者协会牵头

1994年12月成立的中国青年志愿者协会，是在中国共产主义青年团中央指导下的全国性组织，由社会各界自愿人士和青年志愿者组织结成，是联合国国际志愿服务协调委员会（CCIVS）联席会员组织。机构具有非营利性，以"奉献、友爱、互助、进步"为准则[3]。全民阅读推广志愿者队伍的建立应由中国青年志愿者协会牵头发出倡议，依靠行政力量的推动，倡导全国青年志愿者组织和个人自愿踊跃参加全民阅读推广活动，名正言顺、大张旗鼓的以全国性公益组织名义开展阅读文化互助活动，为助推全民阅读工程做出

巨大支撑，为提升中华民族文化素养做出贡献。

（二）面向社会公开倡议招募

各地全民阅读活动主管部门可面向社会公开招募全民阅读志愿者，首先发出倡议，希望机关学校、单位团体、群众百姓等社会各界的讲奉献、有爱心、乐于推广全民阅读的社会各界人士，都可以报名加入全民阅读志愿者的队伍，加入到全民阅读的推广工作中来。各大、中专院校的大学生可有组织的加入全民阅读志愿者队伍，确定本校一名有责任心、有爱心、爱读书的代表作为志愿者队伍负责人，建立校级"全民阅读志愿者"QQ 群，有组织地开展活动。走进贫困地区、关照留守儿童、帮助残障人群、建设社区文化，通过图书捐赠、读书征文、讲故事等活动，伴读、助读、展开阅读志愿服务。阅读志愿者队伍的这些志愿服务活动，让更多的人亲近阅读，习惯阅读，爱上阅读，用读书丰富人生，用读书创建文明。

（三）个人志愿者在线注册报名

招募志愿者有团队加入、个人书面申请、相关组织推荐等选用方式，目前实用的是"志愿者在线注册管理系统"，招募部门开通注册系统，有意愿加入全民阅读志愿者的人士，可登录网站填写志愿者报名表，经过筛选批准正式成为全民阅读志愿者。志愿者在线注册管理与书面申请程序是一致的，需要经过对申请人的硬件条件（年龄、时间、家庭、知识机构等）和个人素养（理念、兴趣、热情、奉献精神等）进行全面考察[5]，承诺保证志愿服务规定的时间、履行志愿者的社会责任与义务。这不仅是建设一支高质量志愿者服务队伍的需要，同时也是实现个人志愿者对社会的奉献和自我心灵的打磨与升华。让自愿服务成为人们生活方式的重要标志。

（四）组建党员志愿者服务团队

各级党组织应大力倡导建立党员志愿服务队伍，党员志愿服务基地应落户各类图书馆，让共产党员在推广全民阅读活动中发挥先锋模范作用，更好地服务基层群众读书。党员志愿者可利用周末休息时间前来基层图书馆协助指导服务阅读工作，如延长图书馆对外开放时间，方便民众借阅图书，方便家长与孩子开展读书活动。如在党员志愿者的协助下，图书馆开展讲故事、阅读演讲、征文比赛、读书讲座、读者座谈会等各种类型的读书活动，在本地区营造浓厚的阅读氛围。党员志愿者服务工作要形成常态化，在党员志愿者的辐射带动下，会有许多党外人士也积极加入这个爱心队伍。党员志愿者的阅读服务会成为全民阅读工程的一道亮丽风景线。

（五）推荐热心奉献的阅读志愿者

由青年志愿者协会推荐全民阅读推广志愿者，不失为富有成效的实施方案。阅读推广志愿者是一个文化使者，要经常坚守群众读书的阵地，需要无偿奉献。此项活动是志愿者通过奉献爱心、助读帮扶，着力满足贫困地区儿童、农村留守儿童、进城务工人员子弟、残障人士等特殊群体的基本阅读需求。志愿者人数应多多益善，每年开展的帮扶活动应接连不断。因为读书帮扶与其他公益活动有所不同，它不是一时一事，而是一种知识的启蒙，一种文化的滋养，会让人受用终生。要让"阅读志愿者帮扶"成为全民阅读活动中的一项品牌，呼吁人们争做一名积极的阅读者、主动的传播者、热心的帮扶者，读书学习、思考践行、携手奋进，用智慧和汗水托起中华民族复兴的中国梦。

（六）控制志愿者活动运行机制

志愿者活动运行控制机制是志愿者队伍发挥作用的保证。①明确联系方式。主管部门公布全民阅读 QQ 号，在此号内建立"全民阅读志愿者"QQ群，建立联系人档案，把群内成员的姓名、联系方式等相关资料汇总存档，制定人员变更管理办法并及时更新本群成员的基本信息，专人管理，保持在线状态，确保联络畅通。②制定活动内容。规定全民阅读志愿者需定期到山区、农村、福利院、社区开展关爱、助读活动。有关部门协助提供需要帮助团体的联系人和联系方式。③发送活动动态。开展活动时，志愿者可通过手机、电脑登录官方微博，发送活动的实时动态，或通知媒体参与活动宣传，让社会更广泛人群了解志愿者的活动情况。④定期评选优秀。每一项活动结束，举办者要及时把活动的影像及文字资料上传至主管部门 QQ 邮箱中，作为申请优秀全民阅读志愿者（团队）的依据，主管部门定期开展表彰活动。

（七）丰富志愿者队伍活动形式

全民阅读工程作为国家发展战略全面推广已成为当务之急，亟须呼吁全民阅读志愿者队伍的组建与扩大，形成常态化的公益文化服务。通过全民阅读志愿者的行动助推全民阅读走进家庭、社区、学校、军营、机关、企业、农村，尤其应注重服务农民、外来务工人员、残疾人、留守儿童等。其活动形式很多：如赠送图书，对所赠图书进行推荐介绍；到图书馆分类整理图书、帮助规范陈列；担任孩子阅读老师，培养青少年的阅读习惯；辅导孩子功课，帮助孩子掌握好的学习方法；利用自己的专业知识为农民推荐书籍，解答问题；不定期组织相关助读助学活动等，丰富志愿者队伍的活动形式。我们希望"奉献、友爱、互助、进步"的志愿精神，随着志愿者的脚步，深入人们的心灵，成为一种永不褪色的全球时尚[10]。

（八）健全志愿者队伍管理制度

全民阅读推广志愿者服务的实施，应始终坚持公益服务的工作思路，不断加强招募选拔、培训和管理服务。①注重阅读精神引领，营造浓烈读书氛围。在招募志愿者时应把志愿者的责任意识、奉献意识放在首位，引导志愿者树立文明阅读形象，发挥宣传引导和典型示范作用。②坚持按需接纳，公开招募程序。根据全民阅读活动需要和志愿者能承担的原则制定招募程序，建立一支业务过硬、服务有效的推广阅读的志愿者队伍。③集中活动和常规活动相结合。实现大型活动和日常零散活动持续结合方式，保障经常性全民阅读需求服务。④强化过程管理，完善规章制度。志愿者参阅活动前要进行培训，活动期间实行由活动承办单位对志愿者进行管理和志愿者服务团队的自我管理。⑤落实活动经费保障，解决后顾之忧。如参加活动的交通费、宣传资料费等消费不应让志愿者负担。

四、弘扬志愿文化推广全民阅读

全民阅读是一项长期性、广泛性的社会文化活动，亟须庞大的志愿者队伍发挥作用。民间的力量是巨大的，关键是如何把这些力量凝聚在一起朝全民阅读方向用力。希望在全国各地广泛组建全民阅读专项志愿者队伍，使阅读志愿者成为传递爱心、传播文明、传送书香的桥梁和纽带。在构建全民阅读志愿者队伍工作中，首要工作是设计和健全管理制度和机制；要加强对志愿者的硬件和软素质的综合考察；志愿者服务以集中性活动为导向的同时要注重服务项目创新；阅读志愿者服务工作要讲究常规性；注重开展对自愿者服务的激励等，这些工作都亟须进一步完善与提高。在全民阅读工程的推广建设中，应凝聚志愿者的力量，弘扬志愿文化，让志愿源自心灵，共同打造一个遍布书香的国度。

参考文献：

[1]　聂震宁.关于全民阅读志愿者的构想[N].光明日报,2013 - 04 - 09(09).

[2]　小巴.争做志愿者为什么[N].深圳特区报,2013 - 04 - 19(D2).

[3]　于八六."志愿者"的由来[EB/OL].[2015 - 01 - 08]. http://www. douban. com/group/topic/22680288/.

[4]　腾讯教育.中国青年志愿者协会介绍[EB/OL].[2015 - 01 - 08]. http://edu. qq. com/a/20060919/000163. htm.

[5]　长沙市图书馆.市图电脑 E 课堂第四期六馆同步,重磅起航[EB/OL].[2015 - 01 - 08]. http://www. changshalib. cn/news_detail. asp? id = 694.

[6]　崔哲.全民阅读志愿者全省招募在即[N].燕赵都市报,2012 - 07 - 01(23).

[7]　孙波,李学辉.全民阅读志愿者集体宣誓[N].淮安日报,2015 - 01 - 09(A1).

[8]　嘉兴市青鸟社会服务中心司.502 号杜金明[EB/OL].[2015 - 01 - 08]. http://www. cnjxol. com/topic/content/2014 - 12/04/content_3222881. htm.

[9]　徐春娣.浅谈高校志愿者活动的意义及发展对策[J].科技资讯,2011(24)245.

[10]　李图强.志愿者与志愿精神:和谐社会的内在动力[J].中国行政管理,2008(11):71 - 73.

第六章　全民阅读工程亟须
"独立书评人"

随着全民阅读活动的宣传、推进和落实，阅读已然走进千家万户，全民阅读活动已成为新时期文化发展的一次浪潮，需要社会的广泛重视。同时全民阅读活动的指导性和目标性问题也不断彰显出来，全民阅读什么书？怎样选书？哪些书是好书？显然成为一个值得关注的课题，于是，一个全新的"独立书评人"职业制度亟待建立。独立书评人劳作在图书阅读的前沿，以公正公平品评图书的姿态，成为优秀图书的推手。书评可指导读者更好的分析和理解作品，对读者选择图书具有指导性、针对性和有效性，为读者学习利用图书提供参考，是全民阅读活动深入发展值得研究的问题之一。本文仅就独立书评人问题进行探讨，旨在为助推全民阅读活动提供实践参考。

一、书评与书评人的含义

书评，是图书评介的简称，是一种揭示文献信息的重要手法。关于书评的定义，国内书评界的观点不尽一致。其中"评介论"、"评论论"、"学术文章论"是比较有影响的观点。百度百科对书评的定义是："即评论或介绍书籍的文章，是以'书'为对象，实事求是的有见识的分析书籍的形式与内容，探求创作的思想性、学术性、知识性和艺术性，从而在作者、读者和出版商之间构建信息交流的渠道。"[1]张安珍等人认为："书评是为了向广大用户宣传图书、指导阅读、通报信息而以图书为对象，从其政治思想观点、科学艺术价值、社会经济效益、结构语言特点上，进行深刻的分析、评介的一种揭示文献信息的手法。"[2]299笔者的观点与此趋于一致。

书评与提要、文艺评论、人物论、学术论文等载体具有明显的区别。书评与提要，二者深度不同，书评具有一定深度；分析论证不同，书评不仅要明确观点，还要分析论证。书评与学术评论、文艺评论，它们评论的落脚点不同，书评要对图书作全面的介绍与总的评论，其他则不然。书评与人无论，二者都要介绍作者，书评的侧重点与落脚点是评介图书，人物论的侧重点与落脚点是评论人物[2]300。

书评是应用写作的一种重要文体。一般常见的书评形式有：①介绍性书评：简单介绍图书的内容，篇幅短小且带有广告色彩。②评价性书评：介绍图书内容、特点、风格、成就与缺陷，有导读性质。③专业性书评：从专业角度对图书内容进行深刻评论、分析、挖掘，具有学术性且篇幅稍长。④阐发性书评：对图书内容进行深入探讨，可以反驳论点，抒发个人见解，更具学术价值。⑤书话：评论图书的内容、编辑和装帧等，散文化书评，文学价值较高[3]。书评是一种对人类精神产品的鉴别活动，具有挑选鉴别、褒贬评论、再兴创造、社会性强等特点[2]301。

写书评一般经过三个步骤：一是介绍，言简意赅地概括叙述所评图书的文笔和内容，让读者通过书评大概了解图书的形式与内容。二是评价，总括全书内容作鸟瞰式的评述，体现了书评人的睿智和科学预见性。三是推荐，在书评的结尾表明态度，有好书与读者共享的意思[4]。书评的写作体裁相对独立，因其评论内容的需要，独立风骨的特性比较突出，既有书评者自身对图书独到的见解，又有对图书价值见仁见智的判断，它在对图书的作者和读者发挥服务作用的同时，又是一篇包含评者独到见解的原创美文。书评对于读者的作用在于它为读者选书读书提供有价值的指引和参考。

书评人，即给书写评议的人，书评要靠书评人来创造完成。书评人在书评中体现的不仅仅是作者的思想，更重要的是通过书评人的专业素养和人生经历对图书的一种鉴赏和评析，品评公正公平的价值取向，从某种意义上指导读者的阅读方向和目标。著名作家萧乾说："书评家应是一个聪明的怀疑者，好的书评要用极简练的文字表现出最多的智慧。"[1]作为一个优秀的独立书评人，应该具有社会良知，尊重图书质量，尊重读者利益，尊重书评人的尊严。担当起一个完全义务帮助读者挑书，指导读者品书，为出版社宣传好书的微书评使者。

第十一届全国政协常委、外事委员会主任赵启正曾说："我们缺少好的书评人，书评是一门学问。通过书评人，真正的好书和畅销书能被发现，而不是淹没在那些只有半年、一年寿命的书当中。"[5]对于推动全民阅读工程来说，书评人的指引作用十分重要，首先，对于一本新书，读者喜欢看到作品的精华之处，希望能够了解作品的潜在意识和内涵，从而决定一种阅读取向；其次，书评人的职业性决定了对于图书一定程度的理解和审读，不是盲目推崇，也不是哗众取宠地迎合，应是审时度势和客观实在的精准评价；更重要的是，书评人本身的阅读品质和独特见解也影响着书评的态度。同时，书评人之所以应该受到重视，它体现了出版者找寻指引者的迫切心理，在读者、书评人、出版者三方面的共通联合发展中，找到一个支点，共同支撑起了整个阅读世界，为全民阅读打造一个良好的阅读环境，为全民阅读活动推荐和提供良好的阅读目标和精神食粮，推动阅读成为一种生活习惯。

二、书评人遭遇诚信危机

中国缺乏独立书评人制度，缺乏对书评人职业操守的制约。导致书评人作为一种文化职业现象，固守职业道德的越来越少，某些书评涉人情关系而遭到诟病。一些不良现象充斥了书评阵地，这些病症或不足，使得书评引领阅读的功能打了折扣，书评人由于自己的不端而减少了魅力，遭遇了诚信危机和职业困境。

（一）红包书评

目前个别书评人已经"堕落"到不看图书质量，给钱就写的地步。这种因收受钱财而写的书评可想而知，必定要符合出版者之意，一般只能褒不能贬，只能说好不能说次，放弃了书评人的原则性，将书评污染上了铜臭，置读者利益于不顾，履行一条红包里的等价交易。红包书评裹挟着一种贪腐，书评人的立场为此遭到动摇，书评的质量标准必定下滑，作品的真实性已被重金包装，从书评看上去是精品好书，而阅读起来却大跌眼镜。这种现象最终伤害的不仅仅是读者和作者，还有书评人自己。

（二）捧场书评

捧场书评多为同事之间或是学生帮老师写书评，捧场书评的出现，纯粹是应付了事。要么不管内容如何一味阿谀奉承，把书评当作一个目录或是一个花瓶，任由语言的恣意生长，把作品推向一个维系的光环之中。要么为了送人情、争时间和抢利益，书评变得简之又简，出现简介式、模式化的介绍，使人们读之无味或一头雾水。这样的书评完全更改了书评的意义和作用，改变了书评的公正形象，忽略了读书者的需求，无视读者的存在，无法让阅读传承一种文化的洁净。

（三）受托书评

受托书评即是委托书评，是书评人受人之托写书评。受托书评是最不负责的书评形象，可以不阅读，可以没有感悟，可以没有深刻体会……总之，受别人之托，明明没有感想趣味，也提高嗓门作态作状，心猿意马，想怎么写就怎么写，只要脸面，不要品质。受托书评远不止这样，书评人打着书评的幌子招摇过市，受托于一时之利，改变了书评的品质，随意而又直白的摘抄作品里的话语，显得书评无力而又苍白，不仅给自己这个书评人的形象大打折扣，更是误导了读者阅读，让读者有受骗上当的感觉。

（四）商业书评

商业书评顾名思义就是受出版商利用，为其盲目吹捧。书评人常常有被出版商"利用"的一面，站在出版商的利益上写书评，大多是利益驱使，只能说优点，不能说缺点，给书评蒙上商业的面纱，不顾读者的利益，更无视阅读的有效性。这类商业书评其实就是经济利益竞争的牺牲品，不仅丧失了书评人特有的原则立场和人格，也玷污了图书作品本身。书评人如若不能体现书评的原则立场，也就难能公平地体现作品的价值取向，不能拥有明辨是非的能力，也就没有指引导读的可信度，商业书评同样害人害己。

（五）书评人无品牌

品牌是质量和信誉的保证。书评品牌简单地讲是指读者对书评作品及书评风格的认知程度，品牌承载的更多是一部分读者对其评论作品质量的认可，是一种书评人与读者阅读行为间相互磨合衍生出的产物。社会对书评人的各种质疑都是来自没有坚固的品牌意识。华东师范大学王家范教授说，现在很多书评都是代广告，没价值。书评对图书的推荐，要从学术性的、认真负责的态度出发，而不应该有太多其他的东西。复旦大学朱维铮教授认为，书评最起码要有好说好，有坏说坏。有争议不怕，但要有好的学风。现在评论没有基础，没有好的学风[6]。书评结果不能在读者中形成一种形象认知度、品质认知以及通过这些而表现出来的读者忠诚度，为此书评人正在遭遇诚信危机，书评领域缺乏书评人的品牌。

三、书评人职业道德底线

（一）书评尊重客观公正

无论是职业书评人或业余评论者，都应尊重图书的客观事实，以公平公正的角度去评论，不可以言过其词的褒贬，这是书评人的职业底线。尤其在全民阅读工程急需书评导读的时代，媒体书评界应建立起一套评价导读和批评激励机制，这种评估机制要充分体现高度诚信的文化建设价值。这一目标必须从客观公正、实事求是做起。写书评不仅要介绍新书的主题内容和文笔风格，必须要对书刊价值所在进行基本判断，是精是粗，是优是劣，都要有其客观公正的立场，要对著者负责，更要对读者负责，不能把读者利益抛之脑后，担负起道德褒贬的使命，逐步提高书评在读者群中的可信度。

（二）书评呼唤实事求是

书评人写书评首先要通读全书，必须找出作品的本质价值、精华与糟粕之处，无论好孬都应实话实说，进行客观公正的评价，以便给予读者提供正确的引导。书评的异化使其越来越失去其客观公正的立场，在读者中的可信度越来越低，书评不应成为参与炒作、为作者和出版社推销图书牟取利益的工具。书评是出版社宣传新书的方式之一，一旦渗入了功利的成分，自然就丧失了实事求是的说话立场，为读者利益负责也就成为空话和谎话。在开展全民阅读需要更多好书的时代，每天都有五花八门、成百上千的书刊问世，书评理应成为读者准确判断书刊质量价值的"参谋"，为读者选书提供依据和信赖。另外，客观公正、实话实说的书评，对提高图书出版的质量十分有益。

（三）书评应向读者负责

书评关乎读者的买，读者的读，因此要对读者负责，为读者输送正能量，这正是全民阅读时代的需要。而现实中媒体可见到的书评版面很有限，太多的读书版面充斥着完全个人化、小圈子化同时又是无聊的宣传资料。这其中有的已经成为书商操纵的玩偶，有的则是利用公众媒体谋取个人名声或实惠的园地，偶尔出现的书评还质量不佳，拿什么来对读者负责。因此，要呼唤那些没有被利益污染的民间书评者族群，尽管他们有个人好恶，品位也高下不齐，但他们评价一本书，首先是因为自己被触动，捧也好骂也好，基本上是个人真实的感受，他们只对自己的心灵负责，而不唯书商和作者的马首是瞻，即或有偏颇之处，也会发挥鉴别与导读的功能[4]，这正是推动全民阅读活动的正能量。

（四）保持书评平台圣洁

书评存在的价值显而易见，因为，愈是推广全民阅读活动，社会民众渴求深度书评的需求就愈高，读者需要借助于书评，作视角的调整与价值取向的参考，书评发挥的是给读者阅读做精神文化导师的作用。一篇好的书评，不是原著缩微和大唱颂歌，而是凝聚了书评人对原书的精髓之处或闪光点的独特评价，由此书评才兼具鉴别与导读的功能和负有道德褒贬的使命，这对提高图书出版质量，促进出版业健康发展以及推动全民阅读工程的广泛深入之影响力是不可低估的。书评人写书评需要有为读者着想把心掏给读者的赤诚之心，才能保持书评平台的圣洁，书评人才会赢得社会的尊严与应有的地位。

四、建立独立书评人制度不容忽视

（一）书评人不应被边缘化

书评人作为图书出版行业之外的"第三只眼"和局外观察者，对图书出版起到褒贬和引领作用，对读者起到抛砖引玉的作用，将读者带到作品中，而书评人就是书地带的时尚代言人。然而在商业化大潮冲击之下，出版物泥沙俱下，高品质的人文读物不断萎缩，令普通读者对此无所适从。没有人文含量的阅读，对阅读者起到的不是正面的积极作用，反而是浪费时间甚至是有害。为了更好地推动全民阅读活动的开展，书评人的地位应该越来越凸显，但与现实极为不相称的是，这一群体一直被忽视，并且逐渐被边缘化。书评人真的就没有存在的价值吗？回答是否定的，著名作家萧乾说："书评是现代文化巨厦一根不可或缺的梁柱"[7]。书评人群体的整体力量可以丰富全民阅读的认知。基于助推全民阅读活动的目的，希望唤醒社会对书评的作用与地位、书评人现状与未来引起关注与重视。

（二）全民阅读呼唤独立书评人

书评人实事求是的书刊评介，可为读者大众提供参考坐标而引领阅读。随着全民阅读活动不断升温，对于独立书评人的呼声越来越多，呼唤真正的独立书评人或独立书评家的出现。一是我国出版的书刊特多，每年出版图书近30万种，各类期刊约有9 500种[8]，书店中琳琅满目的书常常让人挑花眼，有了书评就能指引读者选书的目标；二是现代人生活很紧张，没有时间去逛书市（店）精心选书，到网上买书又不是所有人都能达到的。这时，书评就发挥了荐书的作用，导引读者找到所需要的图书作为购买对象；三是书刊价格不断上涨，图书单价均几十甚至上百元，买书不是"血拼"，读者购书订刊需要指点，书评即是读者订购书刊的重要引领，指引读者根据自己的爱好而决定取舍。这些书评的价值要由独立书评人来创造，为此，全民阅读呼唤独立书评人及其制度的诞生。

（三）建立媒体签约书评人制度

为了确保媒体书评"公正无偏"的产品标准，首先，必须建立"签约书评人"制度，与签约书评人特别约定一种回避制度，规定书评人在发稿前必须向媒体声明。书评人不得与书作者师出同门，也不可以是师生关系。媒体约书评人合作为新书写书评，假如书评人与某位作者存在裙带关系，这时书评人就应主动声明并提出回避。其次，应建立和完善一种独立书评制度，来制约媒体和书商对书评写作和发表过程的操纵，实现发表书评文章的独立性，以确保书评的客观公正，"签约书评人"制度完全可以保证这种独立性。同时，要定义书评作为一种新闻文体的风貌和标准，从而实现一种良性互动：签约书评人制度为媒体提供了专业书评的人力资源，专业书评人要坚守职业道德保证书评的独立性；签约书评人制度使媒体既获得优质书评资源又节省了书评成本，签约书评人因获得丰厚稿酬而更加负责与敬业[8]。

（四）规范书评人的职业道德

目前，书评还不是一个专门职业，因此也就不存在什么职业道德规范。如书评能实现职业化，就应形成严格的职业规范，制定管理、工作规程或书评制度规范书评人的资格和职业道德，给书评人一个真正意义上的职业守则，让他们有法可依，有法而依。要求独立书评人无论处于何种境况，都应坚持自己的中立立场和对书评质量的追求。不论是对论文的"评审"，还是对图书的"评论"，都是对学术产品价值的"裁判"，需要实事求是，公正客观。独立书评人职业要求"对读者负责"、"对书评信誉负责"，既无伪信之作，也不受人为干扰，保持真正的"独立"，真正的"书评"，使书评人在恪守"职业伦理底线"的同时最大限度地保持批评的锐气和评论的严肃性，让真正的"独立书评人"浮出水面，充分发挥书评人在社会活动中的重要作用，让更多的人了解书评人，走近书评人，成为读者知心的知识导游，成为社会文明与进步的火种播撒者，必将推动全民阅读活动的深入发展。

（五）书评人要珍视话语权

"话语权"就是说话权、发言权，即说话和发言的资格和权利，即控制舆论的权力，是指一种信息传播主体潜在的现实影响力[7]。书评的话语权就掌握在书评人手里，应该珍视自己的话语权，行使好这种利用书评发言的权利。①在对书籍的选择上，不能只是推崇有学术价值的纯学术性作品，要对一般大众阅读的热点加以关注。②通过对图书的深度分析解读，起到推荐新书、好书的作用，引领读者找到最有价值的阅读目标。③在书评质量上，必须得到作者和读者的认可，提供有用的信息和价值判断，发挥书评的价值和功能。④要在思想、学识上与作者和读者有心灵上的沟通和共鸣。签约书评人一般是专业领域的专家，因此要珍视书评人的话语权和权威性，保持书评的圣洁，勿说与事实不符的话语，勿使话语权在书评话语行使中丧失。

（六）打造独立书评人的品牌

作为政府职能部门，应该借全民阅读的春风，树立起职业书评人的威望和地位，让书评成为一种神圣的职业。随着独立书评人职业的定位，应设立本行业的"首席书评家"、"评论奖"、"白金书评人"等激励策略。条件是要有读书的良知、渊博的学问、敏锐的美学感觉和独到的眼光，站在客观、公正的立场，推荐书、评论书，不为人情和利益动笔，为播撒知识文明而动笔，为广大读者而动笔。让他们在职业生涯中也有最高职业资格和荣誉追求。同时，在全民阅读活动中，社会为书评人提供什么样的名分很重要。因此要对书评人给予评价，评聘优秀书评人，给予资格、名分和地位，让广大读者认可、关注而达到信赖。让"独立书评人"成为媒体书评的品牌，在读者中享有很高的声望和影响力，并以其颇具思想性的评论文章丰富读者的文化生活。给中国真正的"独立书评人"的诞生增添一种可能，由此搭建起一个中国媒体阅读的评价体系。

在中国，目前书评人仍然不是一种职业，全民阅读时代催生独立书评人应该成为一种职业，全民阅读活动亟须独立书评人，书评人的整体能量在不断完善的制度中可以推进全民阅读活动的节奏。令读者欣慰的是：2012 年 6 月，盛大文学网宣布招募 100 位"白金书评人"[9]，此举让书评人有了"独立书评人"的影子，出现了"独立书评人"的雏形。2014 年 11 月，由南方都市报、深圳市阅读联合会、南都读书俱乐部承办的"首届华文书评人年会"在南山书城落下帷幕，并宣布全国首个"华文书评人联盟"将成立[10]。这是第一次有国内的书评人、书评媒体对书评这个主题进行讨论，重要的是提升了书评人群体的社会自觉，具有开创意义，同时也为独立书评人职业的建立带来了希望，如果能形成完善的制度，那么独立书评人职业将大有前景，将为推动全民阅读活动带来不可低估的正能量。

参考文献:

［1］　互动百科. 书评［EB/OL］.［2014 - 12 - 13］. http:∥www. baike. com/wiki/.

［2］　张安珍,张翔. 信息采集、加工与服务［M］. 湖南科学技术出版社,2002,299 - 301.

［3］　全球书评. 动态:东西小栈第二阶段孵化总结［EB/OL］.［2014 - 12 - 13］. http:∥
　　　old. dongxi. net/column/globalbookreview.

［4］　雪精灵. 怎样写书评的格式［EB/OL］.［2014 - 12 - 13］. http:∥baike. baidu. com/link?
　　　url = apKrw938WxtvgDg6MeoRH8pk9 - pJqwv7.

［5］　严丹,周峰. 赵启正:我们需要好的书评人［EB/OL］.［2015 - 03 - 1213］. http:∥
　　　sh. eastday. com/qtmt/20100812/u1a786954. html.

［6］　姜小玲. 书评要珍视"话语权"［N］. 解放日报,2006 - 03 - 29①.

［7］　于志斌. 现代文化巨厦不可或缺的梁柱(书市走笔)［N］. 人民日报海外版,2001 - 09
　　　- 03⑦.

［8］　孤岛. 呼唤真正的"独立书评人"［N］. 中国艺术报,2012 - 06 - 08⑤.

［9］　路艳霞. 盛大文学招募百位书评人［N］. 北京日报,2012 - 05 - 25(16).

［10］　王睦广,王烨. 全国首个华文书评人联盟即将成立［N］. 南方都市报,2014 - 11 - 24
　　　(A0607).

第七章　公益性民间读书会及其与图书馆的合作机制

中国的全民阅读在国家政策的大力提倡和政府相关部门的主导与扶持下，得到了推广和普及，建设书香社会的观念被人民群众普遍接受，民间自发的公益性读书组织在全国各地兴起，并逐渐形成多种具有特色的读书会。民间读书会的出现表明人民群众对阅读的认同与配合，它有助于推动全民阅读的具体落实，有利于促进书香社会的建设进程，是一种值得欣慰的现象[1]。然而，人们在对民间读书会充满希望的同时也存在几许困惑，主要是读书会的活动场地、活动经费、人力资源、书刊资源以及行业规范标准等均存在难题，而且缺少政府和社会的关注和扶持。缓解这些问题的办法，除了期待政府给予重视和支持外，推动社会阅读是图书馆的社会责任，读书会与图书馆开展合作十分必要而且切实可行。本文基于民间读书会的发展现状，对其具有的能量价值及其发展中存在的问题进行揭示，同时对民间读书会与图书馆的合作机制，即图书馆如何扶持民间读书会展开论述，冀望双方共同发展成为全民阅读工程的核心力量。

一、民间读书会及其发展现状

（一）读书会的涵义

"读书会"在不同地区的称呼不同，国外称学习圈（Study Circle）、读书俱乐部（Reading Club）等。国内一般称书友会、读书馆、读书俱乐部、读书沙龙等，港台地区多称为读书会。随着全民阅读活动的日益兴盛，民间"读书会"越来越多。目前对读书会虽然没有权威性定义，但其含义并不难理解，是指由一群人定期的聚会，针对一个主题或问题，进行共同的有计划的研讨学习。它具有自由、自助、自主、自愿的性质[2]。读书会分大众（型）和小众（型）。小型读书会是主持人把亲朋好友或志趣相投的人们聚集在某个空间，举办读书沙龙聚会，学习某部著作或探讨一些话题，呈现了与大雅之堂迥异的读书意趣。大型读书会也是自发的民间阅读组织，定期开展读书会、讲座、论坛等各种形式的活动，将全民阅读落实在每一场社区活动中，探索并实践民间阅读文化新模式。读书会的活动形式受到民众的重视和欢迎，是读者乐于参与的一项团体阅读活动。

（二）民间读书会的发展现状

北京市，作为文化惠民和全民阅读活动的中心之地，拥有很多典型的民间读书会组织。自 2006 年以来民间读书会呈逐年递增趋势，2010 年以后民间读书会数量迅猛增长并出现很多典型的民间读书会。如阅读邻居读书会、雨枫书馆、同道读书会、浩途读书会、新知沙龙、金融博物馆书院读书会、爱思想读书会、燕乌集阚阅读书会、野地里读书馆、集智俱乐部、燕京读书会、706 青年空间等等。据不完全统计，北京地区目前共有 145 家民间读书会，其中活跃度较高的有 60 家，每月都会举办一次以上的共同阅读活动[3]。

深圳市，获得了"全球全民阅读典范城市"的荣誉，因重视和热爱读书而受到尊重。深圳的民间读书组织已发展到 100 余个[4]。如深圳市的后院读书会、龙岗读书会、深圳读书会、彩虹花公益小书房、东民社区妇女读书会、四叶草书友会、小妇人读书会、三叶草故事家族、井田北读书会、深圳钻石读书会、小津概念书房等。此外还有一些小书店组织的特色读书会，如洁心书坊的专注于自身心灵修养的"洁心一家"沙龙等，都是民间爱书人自发组织的读书沙龙，为深圳营造着越来越热烈的读书氛围。

上海市，是拥有深厚文化底蕴和多样文化融合的大都市，是读书会活跃的地区。据最新调查，目前已有 100 余家青年读书会，其中活跃度高的有 30 余家[5]。例如：敏读会、公益书虫读书会、思学青年读书会、季风普通读者读书会、正能量读书会、长宁英文读书会、国学新知读书会、维谷通识读书会、风铃草读书会，这些读书会被评为"上海十大特色青年读书会"[6]。此外还有朋歌读书会、仁达读典会、思南读书会等。这些以阅读为主题的民间读书组织，引领新的大都市文化风尚。

广州市，也是民间读书会非常活跃的城市。2009 年到 2010 年读书会发展出现一个高峰，比较活跃的有数十家，小规模的更多。如爱读书会、青春做伴读书时、羊城读书会、青年读书会、万木草堂读书会、广州女诗人朗诵会、少数人读书会、蒲公英读书会、广州静心读书会、淇水读书会、达巷人曰讲论会、检察官读书会等等。读书会活动为这个城市增添了斑斓的文化色彩。

杭州市，是吴越文化的发源地之一，历史文化积淀深厚。如今读书会也创办运行得有质有量，有声有色。如西湖读书会、湖畔书会、守望者心灵读书会、都市快报读书会、钱报读书会、野外诗歌沙龙、杭州经典诵读读书会、总裁读书会、向阳花开读书会、蓝狮子读书会、杭州瑞中读书会、杭州文史哲读书会、三联学术沙龙、杭州书友会、妈妈读书会等等，这些读书会已成为杭州低调而奢华的文化品位。

天津市，民间读书会备受青睐，主要有：天津沙鸥读书会、者也读书会、豆友读书会、天津趁早读书会、天津市读书会、津震青年读书会、名著读书会、朋友读书会、内嘛读书会、中信会儿童读书会、东立教育读书会、青春红砚书友会、津门读书会、天津罗辑思维读书会等。

受大城市民间读书会的辐射和影响，全国各地都出现了民间读书会。如河南省郑州市的民间读书会已近 100 家[7]；江苏省无锡市各类民间读书组织有 100 余家[8]；辽宁省沈阳市有父母道读书会、启蒙之光读书会等 20 多家。河北省、四川省等均有位数不少的民间读书会。

全国各地民间读书虽呈不断发展的势头，但仍是冰山一角、方兴未艾，其中有的大都市开展的相对较好，有的省份和地区让人不敢恭维。这些公益性民间读书会，由于多种原因，其中夭折者有之，退却停止者不少，这种态势不利于全民阅读工程的推广和发展，不利于营造"书香中国"。因此，如何扶植和促进公益性民间读书会的生存发展已成当务之急。

（三）民间读书会的特点

这里所指的公益性民间读书会，从发起形式和活动内容角度来看，主要集中在大城市，有街道、社区的阅读活动和民间人士自由发起成立的读书沙龙和读书会（校园读书会不在本文范围内）。读书会的活动形式与内容丰富多彩：有读书自学、经典阅读、讲座、论坛、交流、沙龙、书友会、荐书、讲书、女性阅读、亲子阅读、育儿方法研讨、户外拓展、行酒令等等。这些多元的活动内容具有明显特点：①民间性：读书会是民间的草根公益读书组织。②群体性：三人以上参加的群体性阅读组织。③开放性：会员不隶属于任何机构，面向社会上的所有读者。④自主性：成员没有教育程度限制，在自由平等、友谊合作的基础上运作。⑤学术性：读书沙龙强调学术性，问题性和专业性。⑥持续性：读书会不断推出新的运营模式，会员之间共同努力协助彼此[9]。

尤其值得注意的是，这些民间读书会虽然规模不一、形式多样，其办会宗旨和原则都是建立在非营利性、民间公益性起点上，不收费没门槛，只要喜欢阅读都可以参与，极少数读书会在活动中向读者收取一定的费用，也完全用于读者服务。如"华夏读书会"全年收会费每人200元，主要用于租赁场地、活动组织、读书会礼品、打印复制、临时周转等用途[10]，这也是维持读书会生计的不得已而为之，如此收会费的读书会在全国为数不多，不能依此否定它是读书公益组织。

二、民间读书会的能量价值

(一) 播撒童年智慧的种子

公益读书会组织中有儿童阅读和亲子阅读的类型：如彩虹花公益小书房、童舟亲子公益读书会、弟子规读书会、快乐儿童联盟读书会、布奇妈妈读书会、蝴蝶妈妈读书会等。由那些爱孩子、爱读书、爱公益的人共同建立，读书会的使命是影响家长和培养孩子，让孩子具有综合素质，让家长做好榜样，落实学校、社会、家庭及伦理教育相结合的教育方法。读书会以亲子阅读理念为核心，通过课外读书会活动在孩子们的心里埋下阅读成长的种子，使其在爱与善良之中生根结果；帮助家庭建立良性沟通渠道，使家庭成为孩子温暖与和谐的归宿。让孩子与家长体验到读书阅读的乐趣，收获教育与智慧的种子。

(二) 领导新的青年文化风尚

在读书会组织中，青年读书组织占有绝对优势，体现社会青年的力量和公益心。青年读书会见证了参与者的成长历程，激励他们去追寻梦想。①坚持探讨学术，砥砺品行，相互学习的核心观念，创造了精神追求和难得的情趣。②创造了属于青年人的舞台，在社会交往、提升品质和开阔视野上取得很大效果。③成为自我觉醒和自发萌动，具有制度保障和压力保障的读书形式，可以抵御"碎片化"的生活。④是青年人弥补知识、增长技能、承载稀缺理想的塑造平台。⑤职场白领可以缓解心理压力，寻找心灵寄托，密切了人与人之间的关系。读书会因为读书，创造了坚固的凝聚力，引领了社会新的青年文化风尚。

(三) 沟通学术与社会的桥梁

"学术沙龙"在读书组织中占有重要席位。一般是由教师、编辑或研究人员发起，以学术爱好者为对象，以传承生命智慧为目标的小众团体聚会。联合一些志同道合的人，开展某项专门学术研讨，属于专业人读专业书的类型。学术沙龙的学术氛围要比一般读书会浓重，其阅读经典或研讨问题有一定的难度和深度，更带有学术性。在学术沙龙活动中，大家一起阅读，共同讨论，观点碰撞，交流思想过后，每个人都会发现自己的思维方法和理论水平均提升到了从前没有的高度。学术沙龙开辟了一片民间文化思想阵地，是沟通人文学术与民间读者的一座精神桥梁。

（四）引领行业自治的先声

在掀起全民阅读热潮的时代，商界大佬们组织的读书会成为民间读书会一朵炫目奇葩。如：南都总裁读书会、金融博物馆书院读书会、华融儒商读书会、商道读书会等，这些读书会与巴黎上流社会的沙龙相类似，是一些商界领袖凭借个人魅力号召、聚合和引领追随者开展读书研讨。这些读书会活动的内容不只是读书、讲座，还包括商业案例的调研与报道，公益慈善事业；不仅为公司高管提供一个读书交流的平台，也为所聘专家学者的讲座提供最有影响力的听众支持，可以看做是行业自治和民间社会自治的先声。读书会能融通各群体之间的隔膜，平等地沟通，发挥了"开启民智"的作用[11]。

（五）培养全民阅读的习惯

读书会开展的互动与交流等形式多样的集体读书方式，让参与者在读书会上分享自己的阅读心得和体会，并接受他人的阅读经验，使每个人都有意犹未尽的感觉，提升了阅读兴趣，期待着下次活动，进而培养了普通会员与旁观者热爱读书的习惯。如若一个城市可以多建 100 家读书会，以一个读书会覆盖 100 个会员的标准计算，那么这个城市就可能会增多 1 万个有定期读书习惯的人[12]。通过读书会的形式来促进阅读习惯的养成是一个不错的选择。因为参与读书会是读者自主自愿的行动，没有强制性和任何压力，如果能坚持长期参加读书活动，说明阅读习惯已基本养成，必须承认是读书会促进的结果。

（六）提升城市文化的软实力

一些读书会经过努力策划和实践，不断地以各种主题和形式发挥着自己的正能量。读书会发挥的作用已超出了个体性并延伸至公共空间，集聚着进步的思想意识。读书会让人们定期在一起交流读书感悟，使各个群体间距离得以拉近，一些闲暇聚众打麻将赌博等不良行为得到抵抗，引导社会民众提升个人素质，从而走向光明。读书会创造了一种有意义有价值的生活方式，它给人们带来了高尚的生活趣味，充实了人们的闲暇生活，塑造了一座城市的文化气质，提升了一座城市的文化软实力。深圳市就是通过重视全民阅读、开展读书节和读书会活动从"文化沙漠"变成"文化绿洲"，进而成为世界全民阅读的典范[13]。

三、民间读书会坚守的困惑

（一）读书会居无定所

读书会的活动场地是个大问题，绝大部分读书会都缺少合适的场地。而图书馆、社区、街道等单位即使有会议室也不会免费提供给民间读书会；去旅店、书店、咖啡馆、娱乐场所，如不消费无人长期欢迎接纳；租赁场地的费用多数读书会无力承担；在公园、广场、野外等免费空间，难以达到安静、轻松且有人文气息的学习效果。为此，导致多数读书会地点常常更换，如"燕京读书会"自创办以来已搬家数次；"同道读书会"曾经换过多次场地；有的活动在主持人家里搞；有的是会员偶尔"友情赞助"，实在坚守不下去的只能夭折[14]。

（二）活动经费匮乏

读书会没有资金也是寸步难行，就算组织人全身心奉献，参加人不吃不喝，那么宣传费、专家费、资料费等多少也应该有一些，这笔钱哪里来？有些是组织者自掏腰包。如"彩虹花读书会"运行费用需要自掏腰包；"悦读沙龙读书会"也是主持人温禹、周晓明两人自费经营[15]；有的采取收取会费来弥补资金短缺，但它让一些有意读书的人望而却步，更改变了读书会公益惠民的性质；有的组织者（书店主、记者等）多从主业中补给读书会的花销，但这并非长久之计。仅凭发起人个人出资，后期的运行费用何以为继？是读书会存在的共性问题。

（三）参与人员短缺

国内许多人对读书会缺乏认识，公益意识和奉献精神不强，组织和参与读书的积极性调动不足，造成读书会的另一大问题就是缺人，尤其缺乏优秀的组织者和义工奉献者。读书会发起人是活动的核心,一旦发起人热情减退或者无法投入精力搞活动,读书会就难以维持,难以有人替代工作。读书会都是纯公益的松散组织,组织者全身心地投入却没有任何金钱收益,导致热衷于这项工作的人员短缺。同时,费心费力筹办一场活动,希望受众人数越多越好,但有时人们却对此不感冒,这对于组织者绝对是个困惑。

(四)信息资源掌控较少

这里的信息资源指的是读书会组织活动需要的各种要素的总称,包括活动场所、设备、资金、人员、信息、信息技术等。对于场所、资金、人员前面已专有说明,这里主要指设备、技术、图书、报刊等资源。读书会既然居无定所,又上哪去配置这部分资源?大型的读书会临时借助于举办单位的设备,人员要靠流动的义工;小型读书会书刊要个人买,事务与经费要主持人自己负责承担,基本没有公共信息资源可供掌控。并且书刊资源具有时效性、动态性,需要不断丰富和增长,所以它牵动并制约着读书会活动的整体效率,成为当前及未来读书会发展推进的障碍因素。

(五)缺少社会各界的关注

民间读书会的健康发展,离不开有关部门的关注、支持和指导。目前,读书会恰恰缺少政府的重视与扶持,国家政府对于民间读书会既没有政策,也没有投入。地方政府仅有深圳南山区政府对"后院读书会"有过支持[16]。由于民间读书会缺少政府的重视和扶持,导致社会各界对读书会少有关注和赞助。调查发现,曾得到政府、社会公益和商业赞助的民间读书会寥寥无几。显然,国家政府对分布在全国各地的民间读书会缺少重视、支持与扶助,读书会目前还缺乏社会环境的培养。

(六)缺乏行业规范标准

民间读书会由于没有得到政府和社会的重视,也就不可能有国家或相关部门层面的行业规范与建设标准。尽管读书会呈现不断发展的态势,但仍没有制定由公认机构批准、共同使用的如"读书会工作规程"、"读书会章程"、"读书会管理制度"等类似的规范性文件,更缺乏对读书会活动成果的评价机制。此外,关于行业性的"发展协会"、"读书会联盟"等组织也是空白,没有人负责协助读书会的成立和发展,负责政府及相关部门的互相联系沟通,因此在读书会领域内难以实现最佳秩序和效果。

四、民间读书会与图书馆的合作机制

(一) 政府及社会担纲主导的责任

公益性民间读书会是推广全民阅读的重要支撑载体，为培育人民群众养成阅读习惯发挥了无以替代的作用。读书会已经组织成型很不容易，不能因一些困难眼看着它退却停止或夭折。各级党委政府应担纲起主体责任，搭建全民读书、服务社会的平台，做政府应该做的事情：将读书会纳入全民阅读推广计划之中，重视支持和鼓励发展读书会。政府有关部门要制定相关的政策、标准和管理机制，给读书会创造更多的活动条件，适当投入资金来扶持民间读书会的发展，并倡导社会捐资、合力发展读书会。政府转移职能，建立"行业协会"或"系统联盟"来充当政府与读书会之间的组织桥梁，承担行业的自律、协调、监督作用。建立评估机制，支持鼓励先进，只要读书会聚会达到一定的次数，政府就应给予资金补助。同时，社会各界尤其是各类型图书馆理应施出援手扶助民间读书会，共同推广全民阅读。

(二) 图书馆服务读书会责无旁贷

在全民阅读工程中，各类型图书馆均是全民阅读活动的主战场，所有图书馆人均是全民阅读活动的生力军。各类型图书馆除了承担馆内的借阅服务外，还应延伸开展各种各样的社会读者活动，高校图书馆也毫无例外。图书馆应增强支持民间读书会并与其合作开展活动的观念意识，想方设法支持和吸引周围的人民群众参与阅读。因为图书馆的业务职能就是服务于人民群众，民间读书会在其具有的公益性、自发性、民间性和群体性等特点之上，已经将热爱读书的人群汇聚在一起，可以说他们担当了图书馆应该做的事情。因此，图书馆应主动调研读书会的情况，了解沟通读书会的现状与困难，伸出援手主动与他们合作，在活动策划和场地等多方面给予读书会大力支持，尤其在构建章法治理读书会，横向合力推进读书会等方面，均是图书馆义不容辞的责任。

(三) 图书馆对读书会活动场地的支持

大多数读书会都不愁策划活动，只愁在哪里搞活动，有的读书会搞一次活动换一个地方，一些小型读书会只能在主持人家里搞，所有读书会均不同程度地受到活动场地的困扰。最佳解决方案是读书会与图书馆沟通洽谈，得到图书馆的支持与合作。一般图书馆都具备规格不同的报告厅、研究室等闲置空间，其使用率并不高，与其闲置不如开发利用起来，无偿提供给读书会共同开展读书活动。读书会与图书馆双方进行协商合作管理，读书会保证活动的秩序和环境，图书馆密切配合活动，解决读书会最困惑的活动场地难题，也让图书馆的全民阅读服务走向深入。例如"深圳读书会"的负责人主动与本市各区图书馆领导接头洽谈之后，深圳读书会的活动场地问题得到了较好的解决，各区图书馆每周固定向读书会提供一次活动场地，使深圳读书会的活动影响了500万人次[17]，图书馆功不可没。

（四）图书馆对读书会活动组织的协助

为了将读书会的每次活动都具有创新特色和好效果，活动的选题、策划和评估都很重要，图书馆具有开展读书活动的经验，应协助读书会进行全面策划工作。①图书馆应协助读书会制定行业规范标准和规章制度等管理措施。②图书馆应与读书会共同开展征文、演讲、竞赛、评估等活动方案，共同设计如"口述历史"、"市民学堂"、"真人图书馆"等系列化、专题化、精品化的活动。③图书馆应承担为读书会活动定期提供优秀书目和书评等信息，保障读者读好书。④图书馆协助读书会对活动开展评估，总结活动的经验与教训，记录留存活动的视频资料等，为后续活动提供借鉴，为读书会留存历史资料。⑤图书馆与读书会共同策划对服务志愿者和优秀读者开展激励工作，制订方案，开展评选活动。图书馆对读书会的每一点支持和每一项合作，对其都是莫大的支持和鼓励，既促进了民间读书活动的持续开展，又有效地延伸了图书馆的服务领域。

（五）图书馆对读书会信息资源的帮助

所有读书会均缺乏书刊资源，若研讨某种优秀书刊，都需要读者自掏腰包购买。图书馆的经费虽然紧张，但仍是"大家大业"，相对民间读书会来说具有居高临下的态势。因此，图书馆应开发信息资源，扶助身边的读书会理所应当。①图书馆应有针对性地建立"读书会图书流动站"，根据读书会每次研讨的主题来轮换流动站的图书，有效地开发馆藏文献资源。②图书馆应将下架图书中仍有使用价值的书刊，对号入座直接无偿输送到读书会中去，补充他们的藏书不足。③图书馆每年年终都有下架的非留存杂志，与其当废物处理，不如捐献读书会再阅读发挥作用。④图书馆应发起有条件捐书的倡议，开启捐书的通道，再分批将所捐书刊分类转赠读书会，扩大读书会掌控的信息资源数量。

（六）图书馆成立志愿者协会服务读书会

民间读书会不仅在资源和经费上困难重重，人力资源也很匮乏，一般召集读者、联系场地、网络维护等都需要人手。对此图书馆不能袖手旁观。①图书馆成立志愿者队伍，定期参与读书会的宣传组织等活动，解决读书会的人力不足问题，同时读书会中的志愿者也可参加图书馆的基本工作。②图书馆要举办阅读推广培训班，强化图书馆和志愿者在阅读推广理念、定位、组织形式及方法等方面的认识，深入交流阅读推广经验，培育参与公益事业的意识和责任感。③图书馆的学者和社会文化名人可无偿为读书会承担讲课、辅导、讲座、评委或"真人图书"等工作。图书馆与读书会在人力资源上的合作，为双方的志愿者服务搭建了一个开放的平台，开展了图书馆与民间读者的互动与深度交流，提升了图书馆与图书馆人在社会民众心目中形象[16]。

（七）图书馆助力读书会资源共享

图书馆内部具有较强的技术力量，许多网络数字化资源都由自己完成。网络时代的最大特点是"资源共享"，民间读书会的资源也有共享的需要和必要。目前少数读书会在网上建立了豆瓣小站、豆瓣小组、微信、微博、人人小站和QQ群等，但都是以个人名义发布推荐书目、活动通知、活动心得的信息平台。如何与网络媒体合作将现实的读书会活动放到线上，以视频或文字的形式呈现，比较完整地保存读书会的活动内容，供更多的人分享，实现读书会在数字网络时代的延伸，是需要图书馆技术人员协助的事情[13]。图书馆要帮助读书会开展活动的录音、整理、编辑、上网、成书等工作，扩大民间阅读活动的传播和影响。这对于打破地域限制，广泛推广民间读书会模式、引导更多民众参与读书会活动具有重要意义，也是图书馆为推广全民阅读活动做出的重要贡献之一。

公益性民间读书会是为全民阅读而生，但种种客观因素导致其生存状况不佳，他们十分希望和需要得到社会各界的扶持，各级政府及相关部门应给予重视并积极支持民间读书会的发展壮大。作为读书会组织者应首先主动谋求得到图书馆的支持与合作，图书馆管理者应转变观念，将与读书会合作并助力读书会的发展作为一种义不容辞的责任来担当，这对于图书馆而言：是创新发挥图书馆职能，延伸社会化服务，推广全民阅读，服务他人，提高自己的新理念和新渠道。对于读书会而言：是解决生存困境、发展壮大读书会，引领读者诵读经典，培育英才，建设"书香社会"的最佳路径。对于读者大众而言：通过读书会的阅读和深度对话等团体学习方式，增强了群众读者的学习自主性、自愿性与平等性，是求学新知的最好平台。它是一项双赢战略。我们相信，图书馆与读书会双方在互相合作、良好配合的基础上开展的全民阅读活动服务一定能发挥积极作用，创造良好的阅读效果和社会效益。

参考文献：

[1] 刘志伟．民间读书会的价值与前景考察[N]．中国出版传媒商报,2014 – 04 – 22(42)．

[2] 吴惠茹．以读书会促进全民阅读探析[J]．国家图书馆学刊,2014(6):33 – 38．

[3] 焦雯．光明就在不远的前方———一个民间读书会的坚守与困惑[N]．中国文化报,
2014 – 06 – 24②．

[4] 李松涛,谢洋．全民阅读的深圳样本[N]．中国青年报,201 – 12 – 02⑤．

[5] 宋玮．京城悄然流行读书会[N]．北京晚报,2010 – 01 – 05⑥．

[6] 朱珉迕．沪上青年读书会活跃[N]．解放日报,2013 – 08 – 19②．

[7] 谭萍,王灿．郑州百余家民间读书会不收费[N]．大河报,2014 – 04 – 25(A18)．

[8] 无锡市文广新局．民间读书会:为无锡带来绵绵书香[EB/OL]．[2015 – 02 – 26]．ht-
tp://www. jsxwcbj. gov. cn/m2/channel2? tid = 26463．

[9] 邱天助．什么是读书会,为何加入读书会及读书会的特性等[EB/OL]．[2015 – 02 –
08]. http://www. douban. com/note/117530727/．

[10] 华夏读书会的博客．关于"华夏读书会"收费方式改变的公告[EB/OL]．[2015 – 02
– 08]. http://blog. sina. com. cn/s/blog_8d05f53001011q4e. html．

[11] 朱晓培．商界大佬们的读书会[N]．新晨报,2013 – 03 – 02(15)．

[12] 吉祥．阅读、分享、反思———当下民间读书会的志趣与追求[N]．齐鲁晚报,2013 – 10
– 19(B05)．

[13] 陈凌云,朱旭,王栋．文化立市让"文化沙漠"变成"文化绿洲"[EB/OL]．[2015 – 02
– 08]．http://www. radiotj. com/zhuanti/system/2008/11/21/000119964. shtml．

[14] 张妮．民间读书会:温暖城市 鼓舞人心[N]．中国文化报,2013 – 11 – 29⑧．

[15] 李景科．丹东温禹周晓明读书会的积极意义[EB/OL]．[2015 – 02 – 26]．http://
ln. wenming. cn/wmzw/201403/t20140307_1787659. htm．

[16] 陈经强．浅谈社会力量与图书馆的合作[J]．科技情报开发与经济,2014(12):108
– 110．

[17] 王烨,林燕德．民间读书会:生存还需扶一把[EB/OL]．[2012 – 02 – 08]．http://
roll. sohu. com/20140708/n401917139. shtml．

第八章 全民阅读联合会及其阅读推广作用

随着现代社会的发展，人们在不断追求和增加物质财富的同时，也非常需要传承和丰富祖祖辈辈遗留的宝贵精神财富，倡导"全民阅读"是其重要途径之一。然而，中国人民的阅读习惯远远没有养成。据2015年中国新闻出版研究院组织发布的《第十二次全国国民阅读调查报告》显示，2014年中国国民人均纸质图书阅读量为4.56册，成年国民人均每天微信阅读时长为14.11分钟，阅读水平与发达国家还存在一定差距[1]。为了形成浓厚的全民阅读社会氛围，党的十八大第一次将"开展全民阅读活动"写进党的政治报告，并连续两年列入了中国《政府工作报告》。李克强总理在今年第十二届全国人大三次会议的答记者问时指出，希望全民阅读能形成氛围，无处不在。政府主导实施全民阅读战略已成为国家发展战略。目前，全民阅读已发展成为中国的一项文化工程，全国各地自发组织的民间读书会活动如火如荼，同时民间亦出现了"阅读联合会"的新兴阅读组织，为推广、促进全民阅读活动发挥了重要作用。

一、阅读联合会及其组织结构

阅读联合会组织遍布世界各地，1956年国际阅读学会（International Reading Association，简称IRA）已经成立。中国的阅读联合会（或称为阅读联盟，或阅读指导委员会，亦或阅读推广委员会，下文均称为阅读联合会）发展起步较晚，目前仍处于探索和壮大阶段，理论研究和实践均不成熟。

（一）阅读联合会的涵义

通过对国内外关于阅读联合会研究文献的调研分析，大多数文献均围绕具体案例介绍方面，且多散落于单独研究论著，专述阅读联合会的理论文献少之又少。因此，目前业内对阅读联合会尚没有统一明确的定义。在综合国内外阅读联合会的性质、特征及发展策略等因素基础上，我们认为：阅读联合会，即阅读联合组织或联盟机构，与致力于推进全民阅读文化发展的组织一同打破行业藩篱和阅读障碍，在和平自愿的基础上结成的非营利性社会公益联盟组织。阅读联合会可携手网络媒体宣传、出版商、学校、各类图书馆等行业、民间读书会、从事阅读研究与实践的专家学者、教师、研究员以及阅读推广志愿者等，为提升全民阅读意识，建立健全全民阅读活动长效机制，形成浓厚的全民阅读社会氛围共同努力。

（二）阅读联合会的性质与组织机构

IRA 首任会长威廉斯曾说过，全世界都了解教育的重要性，而要受教育就一定要拥有阅读的能力[2]。由此，为了促进全民文化素质的提高，阅读联合会应运而生，其定位是组织协调阅读资源，鼓励推广阅读行为。

1. 阅读联合会的性质

如上所述，由于有关国内外阅读联合会的理论还不够完善，这里按成立主导方的不同，将阅读联合会划分为两种类型，即联盟型和政府主导型。联盟型的阅读联合会由不同行业，如图书馆界和出版界联手组成。政府主导型的阅读联合会一般在当地政府部门的监督指导下运行，同时还兼备民间社团组织的自发性和民主性，因此主导型阅读联合会具有戈登·怀特所提出的"社团二重性"[3]。既在运行中带有浓厚的行政部门色彩，有着国家的行政支持和经费来源，承接了政府职能转移留下的行政空间和公共资源，成为政府部门的延伸部门，在政府和民间之间起着桥梁和纽带的作用[4]，同时拥有社会团体的一切属性。

阅读联合会的宗旨主要是在遵守国家政策法律法规、提倡社会道德风尚的前提下，致力于提升全民阅读水平，建立学习型社会，并联合各种阅读活动组织和个人，推广阅读价值和行为，通过研究阅读教学和方法提升全民阅读能力，促进阅读资源的共享、整合和利用。

2. 阅读联合会的组织机构

阅读联合会的组织机构与国家政府行政机构相类似，通常下设总会、各区分会、团体会员单位和个人会员等。阅读联合会的最高权力机构是会员代表大会，通过会员选举制度，投票选举出每一任聘期的会长、副会长和秘书长，会长为联合会的法定代表人。会员代表大会还具有制定和修改联合会章程、选举和罢免理事、审议理事会的工作报告和财务状况以及其他所有重大事宜的决定权等职权。这种树状结构的隶属组织关系，层级设立清晰明确，运行高效有序。

3. 阅读联合会的运行范围

阅读联合会的业务范围主要涉及：一是营造良好的阅读氛围，弘扬阅读价值，提倡阅读的社会公平性；二是开展形式多样的阅读推广活动，激发全民阅读兴趣，培养阅读习惯，教授正确有效的阅读方法，提升全民的阅读能力；三是推动阅读资源的区域共享、整合和利用，优化和完善阅读环境；四是开展阅读教学和方法的理论与实践研究，筹办研讨交流活动等；五是开展阅读推广人才的培训，加强阅读推广的群体力量；六是管理各分会、团体会员和个人会员，进行业务指导和活动协调。

4. 阅读联合会的发展策略

虽然自发性民间读书会、民间阅读组织在近些年得到了迅速发展，但这些阅读组织在实际运行中不同程度地受到了经费不足、管理人员专业性不强等限制性因素的制约。相比而言，由于阅读联合会作为政府部门的延伸功能部门，具有承载政府支持的得天独厚的优势，因此不仅可以对国家的长期阅读政策和规划、大型阅读项目等提出参考性意见，还可以参与指导具体的阅读推广活动。另外，阅读联合会的经费来源也相对稳定和充足，一方面能得到国家财政的持续性拨款，另一方面还能利用会员制度募集到社会团体和会员单位的资助。作为政府推广国民阅读的权威机构，阅读联合会应充分发挥促进阅读资源的优化、整合和共享的积极作用，为全民阅读提供政策性、方向性的指导。

二、中国的阅读联合会发展现状及其问题

（一）阅读联合会的发展现状

中国的阅读推广活动可以追溯到近代国民时期，当时许多省份的图书馆都专门设立了阅读推广部，共有江苏省立镇江图书馆、浙江省立图书馆、江西省立图书馆总务部、陕西省立第一图书馆、南京市立图书馆、安徽省立图书馆、河南省立图书馆、山东省立图书馆和绥远省立图书馆九家，这些部门的设置虽然在名称上略有不同，但其工作性质都是相同的，并且在管理上，是在馆长之下设管理、指导、推广和总务四股[5]，均主张书籍向民众开放，

倡导知识兴国，以达到普及社会教育，唤起民众救亡图强的爱国意识的目的。

　　新中国成立以后，国内阅读推广活动发展极为缓慢。直到20世纪80年代，由上海市总工会、解放日报社、共青团上海市委员会、上海市新闻出版局在上海职工读书活动的基础上成立了上海市振兴中华读书指导委员会，读书指导委员会以人生观、世界观教育为核心，以读"三史"，即中国近代史、中国革命史、社会发展史为重点[6]；1997年，中央宣传部、文化部等九部委发出了《关于在全国组织实施"知识工程"的通知》，提倡"倡导全民读书，建设阅读社会"的"知识工程"；2000年，全国知识工程领导小组将每年12月设为"全民读书月"，鼓励各地区开展形式多样的阅读活动；2003年，中国图书馆学会首次将全民阅读推广纳入活动计划中，并在每年世界读书日期间举办大型公益性的阅读推广活动；2006年，中国图书馆学会科普与阅读指导委员会成立，并在苏州中图学会第八次全国代表大会上正式更名为阅读推广委员会，下设秘书处和15个专业委员会，该阅读推广委员会致力于推广全国各界阅读服务工作和阅读活动，倡导先进的阅读理念，保障全民阅读权利；2008年，"促进全民阅读"被正式列入《图书馆服务宣言》；2011年，中国残疾人联合会、国家图书馆在北京联合成立"全国残疾人阅读指导委员会"。更加引人注目的是，2012年，为了助推全民阅读的发展，打造优质的城市阅读环境，深圳市委宣传部、文体旅游局倡导成立了阅读联合会（Shenzhen Reading Association，简称SRA），该组织由90家自愿推进全民阅读的团体单位、民间读书组织和个人联合而立的地方性非营利社会组织[7]，为提升市民阅读能力，培养阅读习惯，推动阅读资源的整合与共享做出了表率；广东教育学会中小学生阅读研究专业委员会由广东教育学会领导，专门从事青少年阅读研究与推广的专业委员会，该委员会由广东省大中小学教师、教研员、校长等教育工作者和文化研究人员构成[8]。

　　同时，港澳台地区的阅读联合会组织也得到蓬勃发展，2001年香港公共图书馆与保良局、教育署及香港资讯教育城合办"阅读城建设工程"，力求在十年内把香港打造成一个阅读城市[9]；澳门中央图书馆与民政总署、教育暨青年局等合办的"2015澳门图书馆周"启动，亮点活动"悦读·市集"率先开锣[10]；台湾政府部门先后推出了"书香满宝岛计划"和"阅读植根推广计划"，主要培育和推广读书会人才[11]。

　　中国阅读联合会的兴起、发展和壮大都与当时的社会环境息息相关，经历了螺旋式的在曲折中前进的历程。阅读联合会的发展犹如"星星之火，可以燎原"的态势，到目前为止，据不完全统计，已有近20个省、市、自治区成立了全民阅读指导组织，其中湖北、湖南、江苏、广东、河北、福建、陕西、黑龙江、重庆、新疆等地都成立了由地方党委或政府领导担任负责人的全民阅读组织领导机构，在制定政策、资源配置、推广宣传、组织活动等方面做出了贡献。

（二）阅读联合会运行中存在的问题

自阅读联合会诞生以来，一直秉承着建设学习型社会的宗旨，虽然在开展阅读推广实践活动中已取得了显著的成绩，但在实际具体操作过程中仍然存在一些问题和不足，主要表现在：一是缺乏系统、完善的全民阅读政策和法律法规的保障和扶持，阅读联合会在推进阅读文化工作中无法可依，开展的阅读项目和活动难免具有自发性、零散性和表面性。二是缺乏阅读活动的前期调研和后期评估工作，无法满足多种读者群体的阅读需求，尤其是特殊困难群体的基本阅读需求。推广全民阅读活动不是搞"面子工程"，不能单单受制于活动指标，如项目数量、报告次数和参与人数等。没有前期的活动调研就无法筹划出适宜的活动形式和计划，而缺少活动后期的评估也无从得知开展活动所收到的实效，更无从了解读者的实际满足性，因此，应从读者角度来评估和重新设计阅读推广活动[12]。三是缺乏长效性机制，无法形成可持续性的阅读氛围。目前，许多省市的阅读联合会在开展活动时仿佛"一阵风"，只在每年的读书月和读书节期间活动如火如荼、异彩纷呈，并没有形成长效的常规活动，这种短暂的阅读推广作用对提升全民阅读水平效果收效甚微。四是缺乏足够的理论研究，无法对阅读推广的实践活动起到指导作用。从笔者搜索到的相关文献可知，有关于论述阅读联合会实践活动的文献成果明显多于其理论研究，然而，缺少全面、系统的理论基础会在一定程度上制约今后的实践活动。

三、阅读联合会在全民阅读推广中的作用

中国的全民阅读推广工作是一个庞大的系统工程，阅读联合会在这个系统中起着非常重要的凝聚和推广作用，主要表现在弘扬阅读价值，促进社会文化事业繁荣和全民文化素质的提高；开展形式多样的阅读推广活动，培养民众阅读习惯，提升全民阅读能力；实施阅读推广人才的培训，加强阅读推

广的群体力量；推动阅读资源的区域共享、整合和利用，优化和完善阅读环境等方面。

（一）弘扬全民阅读风尚，提高全民文化素质

阅读是人类从书面语言和其他书面符号中获得意义的社会行为、实践活动和心理过程[13]，即从文本中提炼意义的逻辑思维过程，是人类获取知识、传承文化的重要途径。而阅读的重要性不只体现在对语言书面信息的提取上，更重要的是要把提炼内容转化和加工为指导实践的知识，因此弘扬阅读价值不仅可以帮助人类不断地认识世界和改造世界，还可以加强一个国家和民族的软文化实力和精神文明建设。当前，以世界各国政府为主导推动全民阅读战略已经成为一种趋势，主要发达国家都将其视为国家综合实力的核心要素之一，将国民阅读以国家战略的高度推进。2015 年 3 月，中国政协委员、新闻出版总署副署长邬书林也提议把全民阅读上升为国家战略高度，并建议成立国家层面的全民阅读指导委员会以大力宣扬阅读价值，推进全民阅读。全民阅读是一个系统工程，它不仅可以促进社会文化事业的繁荣发展，提高社会文明程度，还能提升全民文化素质，推动社会文明进步。国内现已成立的各层面的阅读联合会诞生的初衷均是从弘扬阅读价值、鼓励阅读行为出发，并通过以点带面、以面带体的形式来营造良好的城市阅读氛围，积极推广全民阅读，建设书香文明社会。如"倡导全民读书，建设阅读社会"的"知识工程"，不仅覆盖的活动范围广、成效显著，在民众中真正兴起了读书、藏书的热潮，更有力地推动了整个区域内尤其是乡镇级图书馆的建设[14]；"全民读书月"是"知识工程"的项目之一，其正式开启了全民阅读的步伐，自上而下地鼓励各省市开展读书活动；深圳市的阅读联合会，其致力于推动该市建设学习型城市、文明城市；香港公共图书馆的"阅读城建设工程"要把香港打造成书香阅读城市。

（二）开展阅读推广活动，提升全民阅读能力

阅读联合会以形式多样的阅读活动为手段，激发全民阅读兴趣、培养民众阅读习惯为目的，提升全民阅读能力为终极目标，各层级的阅读联合会如"星星之火，可以燎原"之势活跃在各个城市里。阅读联合会开展的阅读推广活动在活动时间、形式和范围上不仅仅局限于每年 4 月 23 日的"世界读书日"，其阅读推广活动做得相对常态化、多样化和辐射化。开展的阅读推广活动通常列有明确的主题和分主题，活动形式大致归纳为以下五种：一是内容

丰富的文化讲坛，其具有时间持久性、内容连贯性和收效显著性等特点。文化讲坛最大的优点是外邀来的专家和学者可以无障碍、面对面地与读者交流，这样不但可以高效率地分享前沿知识和信息，还可以对读者进行现场答疑解惑。讲坛的内容一般都结合当地实际情况，因地制宜地灵活安排。二是形式各异的竞赛，包括知识问答、朗诵、演讲、征文和辩论比赛以及信息检索知识竞赛等。每种活动虽然形式不同，但实际上都以围绕阅读展开。竞赛可以极大地激发读者的参与热情与兴趣，互动性高、影响面广。三是多样化文化展览，包括新书展览和不同主题的文化展览。阅读联合会通常会有出版社和书商的联合成分，因此举办大型新书博览会、书市、作家签名书展有着天然的便利条件。文化展览具有内容丰富、可接受度强、文化鉴赏性高和不受读者时间限制等优点。四是各种评选活动，如年度最佳阅读推广人、最佳推荐书目、优秀藏书个人和书香单位等。评选活动具有社会关注度高、连续性强和反响力大等特点，不仅可以对既往阅读推广工作予以梳理回顾和肯定，还可以对今后活动指明方向、树立旗帜。五是各种捐赠、献爱心活动，还包括图书漂流。社会上的每个人都拥有平等的阅读权利，阅读具有普及性、公益性和公平性。对偏远贫困山区和福利院的儿童以及孤老、残障人士等社会弱势群体捐赠图书可以使社会阅读机会均等化，而图书漂流不但以新颖活泼的活动形式让每本图书物尽其用，还能促进整个社会文明风气的形成。

（三）培训阅读推广人才，加强阅读推广力量

阅读联合会的成立与运行无疑使阅读推广工作更具专业性、规模性和规范性。主要在于阅读联合会储备着十分丰富的人才资源，他们绝大多数是专门从事与图书出版相关的职业人，不仅拥有先进的推广理念和独到的推广视角，还有着雄厚的知识背景和过硬的专业素养。阅读推广工作是一个庞大的系统工程，单单依靠阅读联合会或民间读书会等单个推广团体的单打独斗是不够的，从社会中培养和发掘一批批优秀的阅读推广人才才能可持续地夯实中国阅读推广工作。为了加强阅读推广的群体力量，阅读联合会将阅读推广人才的挖掘和培训工作放到了重点工作中。主要包括对阅读推广人才的理论和实践培训，理论培训以围绕图书馆相关专业知识和阅读学习理论展开，实践培训则侧重于让这些阅读推广新手们充分参与到阅读推广的社会活动实践中去。2014 年，第十二届"深圳读书月"首次评选出"十佳阅读推广人"，这是中国首次从官方的角度开展面向全社会的阅读推广人评选，这表明阅读

推广已经从个别、少数人的行动发展成受到从政府部门到民间的普遍认可和推崇的文化行为，2015 年 1 月，深圳市阅读联合会又举办了首个"阅读推广人"培训班，分为儿童组和成人组，通过专题演讲、交流研讨，观摩教学等活动传播阅读推广的种子[15]。2015 年 3 月，由辽宁、吉林、黑龙江三省高校图书情报工作委员会联合主办，沈阳师范大学图书馆承办，主题为"多元推广创品牌，校园阅读正当时"东北地区高校图书馆阅读推广培训班在沈阳师范大学举办。该培训班共邀请了来自省内外 86 所高校图书馆的 30 余位馆长及近 200 名学员参加。这是国内首次以三省联合方式开展的阅读推广培训班，高校作为传播社会文化的前沿阵地，对全社会的阅读推广工作责无旁贷。由于阅读推广工作需要全社会的关注和参与，因此这就需要不断壮大阅读推广的群体规模，而阅读推广人才培训为阅读推广工作注入了新鲜的血液和活力。

（四）推动阅读资源共享、整合优化阅读环境

阅读联合会在中国全民阅读推广系统工程中起到了联合和凝聚各方力量，积极调动各类阅读资源，实现资源利用的最优化的作用。阅读资源广义上包括三方面内容，即物质资源、人力资源和技术资源。物质资源主要指各种种类的阅读书籍、网络知识数据库和阅读推广在线平台和网站等，人力资源主要指阅读联合会委员会工作人员、各联合会会员和各层面的阅读推广人等，技术资源指实践阅读推广的活动策略以及建立和完善网络资源的后台技术支撑。如此庞大繁杂的资源系统若没有阅读联合会的不断整合、利用和运行是无法高效发挥作用的。在物质资源方面，阅读联合会通过区域资源整合的方式，不仅能促进纸质资源的区域共享和利用，还着力加强网络资源的整合和优化，改善阅读环境，为全民提供可靠的精神文化产品。在人力资源方面，由于阅读联合会的专业人员成分背景十分丰富，因此在把握各种不同的阅读推广项目时，可以灵活地采取适宜的活动策略，调动不同的人员安排，以实现人力资源的最优化配置。另外，对于阅读联合会专业骨干的职业规划，以及阅读推广人的选拔和培训被放入联合会的重点工作，努力做到人尽其职，以加强阅读推广实际工作的中坚力量。在技术资源方面，一方面推行多样化的阅读推广策略，提高阅读推广项目的预期效果和作用，另一方面主要完善各种网络资源的平台整合和运行技术，在节省阅读推广成本、满足不同阅读需求的同时，创造最大的价值。阅读联合会以其独特的阅读推广视角、雄厚的阅读资源背景、专业的阅读推广策略和技术支持，在推动阅读资源的区域

共享、整合和利用，优化和完善阅读环境方面做出了重要的贡献。

四、促进全民阅读联合会的持续发展

近年来，尽管全民阅读工作已经引起了国家政府、媒体和社会各界的广泛关注，阅读推广工作也开展得如火如荼，但从总体效果来看，全民阅读工作短期成效显著，而长期成效不足，可持续发展前景令人担忧。主要存在的问题包括：整体国民的阅读水平低于世界文化强国水平；国民阅读公共资源和设施不足、不均衡；阅读内容良莠不齐；全民阅读工作缺乏统一规划、组织保障和经费支持等[16]，由此可见，促进全民阅读联合会的可持续发展是提升全民阅读工作的必要条件和前提。

（一）健全全民阅读法规，统筹共建联合会

健全全民阅读法规是促进阅读联合会可持续发展的重要条件之一。2013年，根据中国国民阅读水平的实际调查状况，115位政协委员在"两会"期间共同呼吁并联名签署了《关于制定实施国家全民阅读战略的提案》，建议政府尽快立法保障全民阅读，并要设立专门机构以推动全民阅读的发展。该提案引起了社会各界的巨大反响，提案指出应制定实施国家全民阅读战略，并提出了五项具体建议：一是成立国家全民阅读指导委员会，以加强领导，统筹协调各地各部门资源，形成合力；建立长效机制，形成国家长远战略；解决全民阅读工作中的重点、难点问题；二是设立国家全民阅读节，将孔子诞辰日9月28日确定为全国阅读节；三是进行全民阅读立法，由全国人大制定《全民阅读法》、国务院制定《全民阅读条例》，以法律法规的形式将推动全民阅读工作纳入法制化轨道；四是制定全民阅读规划，作为开展全民阅读的指导性文件；五是建立国家阅读基金，建设全民阅读重点工程[17]。同年3月，国家新闻出版广电总局成立了全民阅读立法起草工作小组，草拟了《全民阅读促进条例》。2014年，"全民阅读"首次在李克强总理的政府工作报告中提出。由此可见，保障全民阅读法律法规政策，对于政府而言，这是国家实施文化战略兴国的方式和手段，也是对有法可依的全民阅读工作实施监督和指导。而对于国民来说，全民阅读立法使全民阅读推广工作达到国家立法的高度和深度，这无疑保障了每个公民的阅读权利和公平性，极大地激励了全民阅读的热情和兴趣，这对形成良好的阅读氛围也起到了积极的促进作用。目前，国家政府虽然没有真正出台有关于全民阅读的法律法规条例或政策，但

当全民阅读一旦被正式纳入法律体系后，势必会让全民阅读的推广工作实现一个质的、飞跃性的大发展。当全民阅读成为一个国家软实力和文化竞争力的重要衡量因素时，政府主导推广全民阅读、统筹共建阅读联合会已屡见不鲜。统筹共建阅读联合会是指由国家政府出面牵头，联合图书馆、新闻出版和网络媒体等图书相关行业，统一成立一个专门的、非营利性的阅读联合推广组织机构，主要管理、协调、沟通和保障全民阅读推广工作的一切事务，最大限度地实现阅读资源的无缝整合、利用和信息深层次加工等服务。统筹共建联合会不仅能形成完整有效的阅读推广工作体系，强化全民阅读在社会发展中的作用和地位，还能在指导各省市、地区阅读推广工作的同时，建立起完善的阅读推广长效机制。

（二）借鉴国外经验，创新阅读推广项目

目前，阅读联合会开展的阅读推广项目通常具有自上而下的行政监督性、短暂突击的阶段性、项目形式和内容的单一性以及项目主题的呆板性等特点。一般情况下，指令性的阅读推广项目被下达后，其政策性显露无遗，项目被一层层地安排到读者面前，不仅阅读项目的主题枯燥无味、脱离实际，项目形式也几乎常年不变，广大读者对阅读推广项目已经产生麻木和逆反心理，不仅阅读推广的效果不佳，读者也会质疑该阅读项目的真实成效。而发达国家相对成熟些的阅读推广项目往往更富于创意，主题设计易于提升读者的关注度，项目的推广策划、宣传海报和主题标语等都十分贴近社会生活，现实感和实用性很强，深受广大读者的欢迎和喜爱。但每个项目的活动规模一般都不大，善于利用走进本地作家、与作家座谈的方式推介文学作品，动员参加活动的读者大多数是"无组织的散户"[18]。而中国的阅读推广项目几乎都偏好于活动规模庞大、设有隆重的开幕仪式、冗长单调的领导讲话和来源单一的读者群。另外，由于有声望的作家出场费非常昂贵、联系和沟通困难，所以阅读推广项目的侧重点并非是优秀文学作品的推介和讲解分析，而是以收效甚微、座无虚席、人气爆棚的活动假象为活动特点。读者群以团体形式居多，许多读者是带着"必须完成的任务"而来，并非凭借其个人的真正兴趣和爱好。借鉴国外成功经验，创新阅读推广项目要做到以下几点：一是策划贴近实际、尽量满足不同读者需求的项目主题，吸引读者自愿参与到活动中，比如按年龄将读者划分为儿童、青少年、中年和老年读者群，针对不同群体打造合适的推广项目；二是创新阅读推广项目的活动形式，不拘泥于专家讲座、书评和朗诵比赛等，可以尝试小规模的专家座谈、故事会、方便快捷的网络推介阅读、手机以及即时通讯工具的微阅读等；三是重视读者阅读体验，教授阅读不同体裁文章的阅读技巧，阅读不仅是一种生活方式，还是一场遇见未知的旅途，因此为读者提供不同的阅读体验不仅能够激发其"多读书、好读书、读好书"的兴趣和热情，还能够在潜移默化中熟练掌握各种阅读技巧；四是加强阅读推广项目的宣传推介工作，"好酒也怕巷子深"，前期的宣传工作显得尤为重要。宣传工作不但可以提高读者参与的积极性，还能够根据前期的反馈适时调整阅读推广项目的内容。

（三）建立多方评价机制，拓展运行资金来源

建立科学、有效的评价机制不仅能够梳理、监督阅读联合会以往开展工作的实际效果和情况，还可以帮助其改进运行状况，及时纠正在阅读推广活动过程中遇到的问题和不足，以实现阅读联合会发展的良性态势。本文探讨的多方评价机制是指一个系统完整的全方位、多维度的多元化评价体系。体系中的被评价项目和参与评价者都是多元的。被评价项目主要包括：一是对阅读联合会自身运行的年度业绩状况的评价。阅读联合会作为一个新兴的公益性社会组织，对其进行年度评价不仅是对全社会和支持阅读联合会发展的赞助者的尊重和交代，还是增加其运行资金来源、促进自身发展的有效途径和手段。二是对所开展的阅读推广项目活动实效的评价。对阅读推广项目的评价不能简单地停留在表面数字的统计上（如某一项目邀请多少名家加入、动员多少读者参与、或是策划多少项大型活动等），而应从某一项目的活动目标是否符合某特定的读者对象群体、活动预期策划与实际开展情况是否吻合、活动经费是否超出预算等评价指标出发，从而建立客观、真实、有效的评价机制。三是基于读者在阅读推广项目中的真实体验的评价，主要有读者对某一项目的活动主题是否感兴趣、推荐书目是否符合读者的口味、活动形式是否具有创意、通过活动是否得到收获等指标。而参与评价者包括两个方面，即联合会各多元化的构成成分和参与活动的广大读者。由于阅读联合会是由国家政府、网络媒体、出版商、学校和各类图书馆等行业共同构成的联合体，因此多方参与的评价机制是必需的。多方评价不仅可以保证客观、可靠和公正的评价结果，还有助于联合会的各构成成分在联合会运行过程中的有效合作和协调。参与活动的广大读者是阅读推广的活动主体，对整个阅读推广活动有最直接、真切的感受，因此他们是最重要和最具发言权的评价者。以读

者的视角审视阅读推广活动，不但可以引导阅读推广活动的发展方向，还可以有效地改进某一活动环节的不足和缺欠，如前期宣传范围是否广泛、活动流程的设计是否合理有序、活动形式是否新颖、通过各项活动是否能够达到预期目标等。另外，向社会公开多方评价结果是促进阅读联合会不断发展和壮大的现实需要，一方面评价机制本身会激励阅读联合会的改进和完善，另一方面阅读联合会的良性发展可以筹募到社会上更多的资金投入，充足的资金来源可以使阅读联合会更好地开展阅读推广活动。

（四）加强读者沟通协调，满足多样阅读需求

由于全社会的阅读需求是多样化的，因此在实施阅读推广活动的过程中，阅读联合会应该保证建立与广大读者之间畅通无阻的沟通渠道，以及时满足不同读者群体的阅读需要。如果阅读联合会与读者之间无法进行有效的沟通和协调，缺少了来自广大读者的呼声，这不但会极大地打消读者参与活动的热情和积极性，还会违背阅读推广活动的初衷和宗旨，拉大阅读联合会与读者之间的距离，使阅读联合会在策划活动时无的放矢。为了更好地加强与读者沟通，首先可以利用发放定期和不定期的读者问卷调查的方式。读者问卷调查以匿名的形式进行，读者可以客观、无避讳地反映他们的真实想法，阅读联合会可以从问卷调查中获得读者中肯的意见和建议。读者问卷调查的设计要科学，采取封闭型和开放型的题型更有利于意见的反馈。其次，在当前发达的网络时代，加强与读者沟通，可以充分利用互联网手段，如通过阅读联合会的官方网站收集和回馈读者意见，使用官方邮件、微信公众号、微博、MSN 和腾讯 QQ 等社交性工具加强与读者互动，或者推荐优质图书等[19]。再次，阅读联合会可以利用经过精心选拔和培训的阅读推广人来加强与读者的沟通。阅读推广人有的是来自基层阅读群体的代表，他们了解和掌握基层阅读群体的需求和心声，因此他们能够成为阅读联合会和读者之间的有效沟通桥梁。最后，阅读联合会也可以设置每月一次的"会长接待日"，不仅可以拉近与读者之间的关系，还可以倾听和解决社会各读者群体的阅读现象和问题。而广大读者也应该发扬建设全民阅读社会的主人翁精神，通过各种沟通渠道，及时地向阅读联合会反映多样化的阅读需求，对阅读推广活动中存在的不足和问题给予宝贵的意见，并积极发挥主观能动性，为阅读推广活动的策划、组织和实施贡献力量。

当前，在迅猛发展的网络信息时代，世界各国的传统阅读都受到了不同

程度的压力和挑战。在阅读推广工作迫在眉睫、亟须实施的条件下，阅读联合会应运而生并勇敢地承担起了这个传承文化、弘扬阅读价值的巨大社会责任。阅读联合会通过开展一系列形式多样的阅读推广活动，努力优化和完善阅读环境，积极推动阅读资源的区域共享、整合和利用，在提升全民阅读能力，促进社会文化事业繁荣和提高全民文化素质中做出了不可磨灭的贡献。因此，如何促进阅读联合会自身的可持续发展就显得尤为重要，有必要通过健全全民阅读法规，创新阅读推广项目，建立多方评价机制以及加强与读者沟通协调等有效途径，来加强阅读联合会的不断发展壮大，以尽快推广促进全民阅读社会的实现。

参考文献：

［1］　人民网．全国国民阅读调查报告发布 数字阅读首超纸书阅读［EB/OL］．［2015 – 04 – 21］．http://media. people. com. cn/n/2015/0421/c40606 – 26877233. html.

［2］　大佳网．国际阅读协会［EB/OL］．［2015 – 04 – 21］．http://www. dajianet. com/world/2011/0427/155615. shtml.

［3］　陈为雷．从关系研究到行动策略研究［J］．社会学研究，2013(1) :228 – 246.

［4］　谯进华．民间阅读组织的发展、困境与行动策略——以阅读组织与公共部门的关联度为中心［J］．图书馆之城，2014(2) :24 – 31.

［5］　魏硕．民国时期图书馆阅读推广活动研究［D］．长春：东北师范大学，2014.

［6］　上海市工人文化宫．学习型城市的标志项目 群众性文化的经典品牌——上海市振兴中华读书活动回顾［EB/OL］．［2015 – 04 – 21］．http://www. sh – whg. com/node/294.

［7］　深圳市阅读联合会．阅读联合会简介［EB/OL］．［2015 – 04 – 21］．http://www. szreading. org.

［8］　广东中小学生阅读网．广东教育学会中小学生阅读研究专业委员会简介［EB/OL］．［2015 – 04 – 21］．http://www. gdydw. com.

［9］　道客巴巴．阅读城建设工程［EB/OL］．［2015 – 04 – 21］．http://www. doc88. com/p – 9961477362620. html.

［10］　国际在线．"2015 澳门图书馆周"推广阅读文化［EB/OL］．［2015 – 04 – 21］．http://gb. cri. cn/42071/2015/04/19/8011s4936658. htm.

［11］　曹桂平．关于台湾地区阅读推广活动的思考［J］．图书馆建设，2010(3) :78 – 82.

［12］　王波．图书馆阅读推广亟待研究的若干问题［J］．图书与情报，2011(5) :32 – 35,45.

［13］　李德成．阅读辞典［M］．四川：四川辞书出版社，1988.

［14］　中央党校培训部二年制中青班课题组．加强文化建设的一项重要举措［J］．科学社

会主义,1997(4):67-71.

[15]　深圳市阅读联合会. 深圳培训"阅读推广人"[EB/OL]. [2015-05-20]. http://www. szreading. org/work/tg/tgr-003.

[16]　舜网. 国务院立法推动全民阅读《关于制定实施国家全民阅读战略的提案》[EB/OL]. [2015-06-02]. http://news. e23. cn/content/2013-08-04/2013080400376. html.

[17]　中国新闻出版网. 邬书林提案:建议制定实施国家全民阅读战略[EB/OL]. [2015-06-3]. http://www. chinaxwcb. com/2013-03/08/content_264777. htm.

[18]　王波. 图书馆阅读推广亟待研究的若干问题[J]. 图书与情报,2011(5):32-35,45.

[19]　刘丽. 高校阅读推广活动研究[D]. 河北:河北大学,2014.

第九章 阅读形象大使及其常态机制

近年，以政府主导、媒介推广、城乡互动、民众参与的全民阅读工程，通过各个层面的整体推进，极大地激发了民众的阅读热情，社会阅读风气渐浓，全民阅读工程正在持续发展。为了促进阅读推广工作的深入开展，在全社会形成良好的读书风尚，党和国家领导人亲自推动，相关部门领导使出浑身解数，创意丰富多彩的活动载体，采取多种手段营造读书氛围，努力开发一种不同凡响的读书景象。在国家新闻出版总署的倡导下，各层面全民"阅读形象大使（代言人）"相继诞生。对此，怀疑者出现，反对者有之。笔者持有赞同的观点。通过对阅读形象大使进行认真审视，认为阅读形象大使很有必要，并切实可行，进而对阅读形象大使的独特示范力和重要价值，选聘策略和长效发展机制进行重新梳理，将其作为阅读推广手段之一，全力以赴地推行，受益的不仅是他们自己，其影响度不可估量。

一、"阅读形象大使"的涵义

所谓"形象大使"，又可称为专业形象大使、活动形象大使、形象代言人、品牌大使、品牌代言人等。一般均指具体人物，涉及政治、经济、文化的各个方面，类似于各国的使节。形象大使与政府相关部门组织、事业单位、机构、企业等进行合作，凭借大使本人的社会影响力以及个人魅力开展相关代表性的推广宣传工作，对于引导国民政治行为、消费行为、文化导向行为起着重要的推广、舆论引导和宣传助威作用。而且这种作用影响明显收效快，不容忽视。

形象大使一般分为：企业形象大使、公益形象大使、政府驻外形象大使等。如青奥会形象大使、中国环保形象大使、世界旅游形象大使、世界城市形象大使等。大使的产生通常是由发起方主办，联合政府部门、事业协会、公益组织、企业单位等共同协办。人选经由主办方内部决定，然后向大使本人或其经理人发出邀请，经双方达成协议。也有的是采取网络投票与实际整体素质考核相结合的选拔，再进行公示的通道产生。形象大使的活动宗旨是：出席参加政府企事业单位的标志性活动，推广政府和事业单位的活动理念，为其带来社会风气改良；推广企业的经营思想，为企业带来相应的品牌效应；同时为更多有理想有追求的人提供"梦想的机遇"[1]。公益性形象大使一般没有或少有薪酬奖金等待遇，更多的是为公益而奉献。

形象大使和形象代言人涵盖比较宽泛，目前没有精准的定义，形象大使有可能包括了代言人要做的事情，人们很大程度上将二者混为一谈，事实上之间是有差别的。其基本差别在于：形象大使适合比较正式的场合，代表国家、政府和企事业单位推广公益性活动，不收取报酬；而多数形象代言人是有报酬的，价格由双方签订合同而定。但无论二者存在多大差别，从所代表的活动或品牌角度与为其个人增加影响力的角度来看都是双赢。

阅读形象大使也称为劝读形象大使、阅读推广形象大使、读书形象大使。是指为推广全民阅读活动，引导人们热爱读书而设立的形象代言人。作为阅读形象代言人首先自己要热爱阅读，在读书教育领域具有研究与实践，同时要有关于阅读的基本主张，要为推进全民阅读进行呼吁、建言。阅读形象大使在国外并不鲜见，如英国的足球运动员兰帕德在切尔西的慈善活动中当选为"阅读之星"，2015 年 1 月被聘为"英国读写基金会形象大使"，他写作出版了系列儿童书籍，还通过网络视频来推荐和介绍自己喜欢的书籍，旨在提高儿童的阅读兴趣[2]。

二、阅读形象大使的示范作用

（一）营造社会公益劝读的氛围

中国的阅读率很低，而且呈现逐渐降低趋势，平均读书率也很低，从 2012 年发布的"第九次全国国民阅读调查"结果来看，中国国民各媒介阅读率为 77.6%，图书阅读率为 53.9%。每年人均读书只有 4 本，比美国等国家每年人均 50 余本相差悬殊[3]。其中原因：一是社会阅读氛围不浓；二是阅读呈急功近利的烦躁心理；三是社会公益劝读氛围不给力；四是社会劝读志愿者缺乏。面对这种社会阅读状态，必须加强对全民阅读活动的引领和推广。阅读形象大使工作是不可忽视的环节，它对于推广阅读十分必要，其示范作用确实不容低估，它有利于营造社会公益劝读的氛围，推动全民阅读活动深入发展。

（二）扩大阅读传播力和影响力

阅读形象大使担负着宣传推介全民阅读、养成阅读习惯和读书精神的任务，参与全民阅读的各类宣传活动，扩大读书节和全民阅读活动的传播力，提高社会影响力。阅读形象大使支持并参与阅读推广倡导读书的各类宣传活动，通过自身率先垂范的榜样力量，在本地域、本行业、本单位以及全社会努力参与举办讲座、推荐好书等读书活动，发挥榜样示范力、劝读引导力和推广阅读传播力，提高全民阅读的影响力，赢得更多社会民众的响应和支持，为营造全民阅读的社会氛围，促进国民素养的提升奔走助力。

（三）示范引领社会阅读风尚

阅读是对一种生活方式、人生方式的认同。阅读与不阅读，是两种截然不同的生活方式或人生方式，期间有一道屏障。阅读一边五谷丰登、繁花似锦；不阅读一边荒凉寂寞、令人窒息，气象完全不同。为了使阅读的人们更加热爱阅读，使不喜欢阅读的人们能参与阅读，阅读形象大使挑起了这副重担。阅读形象大使的活动，能为读者添知识、增智慧、开阔视野；能让读者有榜样、有梦想、有追求；能助读者提高脑力活动，提高自身素质，提高生活品质。阅读形象代言人的学科专业示范、读书报告引领以及经典推荐等，借助自身的影响力来引领社会阅读风尚，带动更多人喜爱阅读，促进社会阅读人气的高涨。

（四）为推进全民阅读而奔走代言

恰当的阅读形象大使应该是具有较深专业知识程度的社会名人，具有促进阅读的知名度、可靠性和说服力。他们的宣讲能够诠释阅读带给人生的收获与实力，唤起人们对阅读的关注和热情，增加民众对阅读活动的信任度和说服力，进而引领更多的人走进阅读。此外，阅读形象大使还要为全民阅读而建言、奔走和呼吁，怀着激情走在阅读推广的道路上。例如，著名教育学者、国家全民阅读形象代言人朱永新，他一直站在中国阅读推广的精神之巅，在新闻媒体上，在演讲台上，在参政议政平台上，在全国两会上呼吁关于全民阅读的多个提案，至今坚持了 10 年，为助推阅读而坚持不懈地最大嗓门发声。

三、阅读形象大使的选聘策略

(一) 围绕读书文化个性选择形象大使

阅读形象大使的选择是否与全民阅读推广活动相匹配是关键。只有两者相匹配，才能使受众感觉到阅读形象大使与阅读推广工作是浑然天成，只有形象大使自身有知识、爱读书、读书多，才能对受众有说服力、影响力并给力，受众才能心悦诚服，才能实现良好的劝读效果。例如，新闻出版总署曾经聘请的阅读形象代言人中就有电影演员，明显与全民阅读推广不匹配，他们很难寄语读者，推荐好书和开展阅读推广活动。2013 年新闻出版总署聘请中国首位诺贝尔文学奖得主莫言、茅盾文学奖得主刘震云、著名作家唐浩明为全民阅读活动形象代言人，这样的人选可谓名正言顺，有能力为受众传播阅读。

(二) 围绕目标受众群体选择形象大使

目标阅读群体的特点，尤其是该群体的身份和职业等，应成为选择阅读形象大使的重要因素。只有充分了解阅读受众群体的身份、职业、年龄等特点，才能选择相应的形象大使，让阅读形象大使的选择与阅读活动群体相匹配，才能实现阅读形象大使与受众目标群体之间的有效契合。例如，凤凰江苏科技出版社等单位联合策划的"凤凰少年阅读之家"，以"童年阅读，播种梦想"为主题，拉开了儿童文学阅读推广的序幕，聘请著名儿童文学作家安武林、唐池子、刘保法、殷健灵作为阅读形象大使[4]，他们带着自己写的儿童文学图书深入校园课堂长期开展儿童文学阅读指导和阅读质量跟踪研究，让家长和孩子们倍感亲切，自然推广阅读的效果也就达到了。

(三) 围绕阅读推广周期选择形象大使

阅读形象大使的选择也应考虑阅读推广活动生命周期阶段，在阅读推广活动的开始期和成长期，主要考虑形象代言人知名度和宣传力度，以把阅读活动引入民众之中，迅速扩大全民阅读的知名度。在阅读活动的成熟期，全民阅读在民众心目中已经形成了家喻户晓的印象，这时就要考虑选择专业个性和代言能力与阅读推广相吻合的形象大使，以此来巩固和创新发展全民阅读工程的成果。因此，阅读形象大使的变更对于组织者来说不仅是必要，更是一种必然。只有在不同的阶段选择正确的大使，才能在阅读推广活动中充分发挥大使的作用,我们的工作才会有收效。

(四) 围绕代言专一度来选择形象大使

在阅读形象大使的选择中,形象大使的代言专一度问题不应忽略。在当今名人代言大行其道的年代,一个社会名人可能同时为多个项目担当大使,这种现象可能产生令受众记忆混乱,可能只记住某商品方面的代言,无法将读书活动重视起来,导致受众对所代言忽略不计,从而削弱阅读形象大使的作用,也达不到预期效果。全民阅读形象大使是社会公益性文化代言人,因此,要聘请文化素养高、社会知名度高、与读书教育关系密切并专一的人来担当,他们有觉悟、有能量为全社会公益奉献,不计较个人得失。例如,著名教育家朱永新,担当全民阅读形象大使 10 多年来,怀着对国家、对民族发展的深厚情怀,他的工作、事业、追求和梦想,完全专一在全民阅读与国民教育事业上,跃动着一个全民阅读形象大使奔走疾呼和呐喊的姿势与灵魂[5]。

四、阅读形象大使的选聘来源

(一) 领导人本身就是阅读形象大使

推动全民阅读,营造书香社会,政府是责任主体,领导干部应先开卷,各级领导干部应把勤读书作为一种常态。在全民阅读的高潮中,党和国家领导人率先垂范,不仅本身堪称读书典范,而且在多场合提倡读书和推荐好书。各级领导干部勤读书,就能对社会起示范作用,就能带动一片。各级领导干部都应成为阅读形象大使,有助推之志、倡导之意,亲力亲为,爱读书、善读书、读好书,带动全民阅读成为生活方式和习惯,为推进全民阅读注入强大动力。美国总统尼克松有句名言:"所有我认识的伟大领导者几乎都是伟大的读书者[6]。"当读书真正养成习惯,成为生命中的一种享受时,就会产生持久的动力和经久不衰的读书热情。

(二) 国家阅读形象大使的主要人选

作为国家全民阅读形象大使选聘严谨是必要的。他们是国家层面上阅读推广活动的强力促进者,有责任把全民阅读问题从理论倡导提升到路径描述和政策推进层面,同时极力唤醒懒惰、漠然的阅读个体,激起民众的阅读愿望,是阅读推广活动中最为重要和困难的工作。如 2010 年国家新闻出版总署首次聘请中央电视台"读书时间"和"子午书简"节目主持人李潘为"全民

阅读形象大使"；2012 年国家新闻出版总署聘请朱永新、王刚、白岩松为
"年度全民阅读形象代言人"。2013 年国家新闻出版总署将全民阅读形象代言
人聘书颁发给了莫言、唐浩明、刘震云[7]。目前，已有多位学者、作家、主
持人担任了读书形象大使。他们思想品德健康、具有亲和力、社会责任感和
社会影响力、致力于公益事业，作为国家层面上的全民阅读形象代言人当之
无愧。

（三）地区阅读形象大使的人选目标

各省市地区阅读形象大使的人选范围比较广泛。①学者型领导干部。如
国家新闻出版总署聘请的全民阅读形象代言人朱永新；首届北京阅读季聘请
的阅读形象大使苏士澍、周国平；2014 年江苏全民阅读形象大使聂震宁等。
②文化界名人名家。如 2013 年国家全民阅读形象代言人莫言、刘震云、唐浩
明；江苏全民阅读形象大使赵本夫、曹文轩、叶兆言、黄蓓佳、苏童；北京
阅读季读书形象大使毕淑敏、周大新、梁晓声等[8]。③新闻媒体名人。如中
央电视台著名主持人李潘、白岩松被聘为国家全民阅读形象代言人；郎永淳
被聘为江苏阅读形象大使；康辉被聘为河北全民阅读形象大使。④高校教授。
如南京大学教授毕飞宇、徐雁；南京师范大学教授郦波被聘为江苏全民阅读
形象大使。⑤基层社会民众。就是在社会民众中推出全民阅读标兵，让一些
靠阅读成长的人成为全民阅读的榜样。2010 年河北省全民阅读活动形象大使
就是在基层群众中评选；昆明第二届全民阅读月的读书形象大使也是在基层
中评选。他们是爱读书、会读书、爱帮助别人读书并且生活在民众身边的
榜样。

（四）高校阅读形象大使的人选目标

随着高校图书馆阅读率的逐年下降，高校校园中推广阅读、聘请阅读形
象大使尤为必要。其人选应多在本校产生，适当吸纳社会文化名人。①邀请
学校名师担当阅读形象大使，发挥名师的引领和启迪作用。高校拥有很多学
识渊博、深受学生喜爱的名师，名师读书的观点和推荐的图书都会引起学生
读者广泛关注，名师会影响学生读者对于读书的认识，引领读书的主流。②
邀请本校校友中的著名专家学者担当母校阅读形象代言人。高校拥有很多出
类拔萃的校友，他们凭借努力走出了精彩的人生道路，其读书观具有切身的
号召力和说服力，能影响和鼓励大学生的进取。③评选学校高年级学生中的
"学霸"担当阅读形象大使。他们擅长学习，酷爱读书，其身体力行的读书行

为和热爱读书而取得的好成绩，是学生身边看得见的读书榜样，其影响力是巨大的。

五、构建阅读形象大使常态机制

（一）规范管理机制

选聘全民阅读形象大使很有必要，而且可行。但截至目前这项工作并没有广泛开展，已被聘请（或评选）的阅读形象大使屈指可数，这不仅是热爱阅读者的遗憾，更是全民阅读推广的尴尬，也是社会阅读文化的公益缺失。因此，积极探索阅读形象大使的长效机制，积极发挥阅读形象大使的作用，让全民能够跟着形象大使喜欢阅读，是一项不可不做的工作。全民阅读形象大使的选聘要求并不复杂，但并非可以随意轻率而为，应该在一定的法规、计划、方案、标准、规范管理中运行。应将"劝读形象大使"作为法条列入国家阅读立法之中，让实施阅读形象大使的工作有法可依。同时必须建立和完善相应制度体系，将阅读形象大使的阅读推广制度化和规范化，并纳入全民阅读年度工作安排，从管理制度层面保证阅读形象大使工作的规范性和连续性。

（二）推陈出新机制

在广泛深入推动全民阅读活动的基础上，更要考虑全民阅读形象大使的长效机制，其中创新是一个挑战，除了活动策划创新以外，形象大使人选创新十分关键。活动策划文案创新是关于用户感受的设计创意新颖，影响力和辐射力日益显著。人选创新则是指阅读形象大使或代言人的选择应建立吐故纳新与推陈出新的选聘机制。对于无暇顾及阅读代言和推广活动的形象大使，不要徒有虚名；对于讲究责任担当的形象大使，要使他们向创新方向发展，并努力建树阅读形象大使品牌。如北京市在"书香北京"系列评选活动，通过报纸、网络、电视广告等平台进行征集，在全市范围内评选出 10 位"金牌阅读推广人"[9]。这些"金牌阅读推广人"与聘请的"阅读形象大使"，其工作目标一致，但又有区别，"金牌阅读推广人"似乎更注重实践效果，更具民主与创新的产生过程，体现了阅读形象大使推陈出新的选聘机制。

（三）品牌塑造机制

阅读形象大使的职能包括各种媒介宣传，传播阅读活动信息，扩大阅读活动认知度等，参与推广及讲座活动，与阅读受众面对面的沟通，并促成阅读行为的发生，建树阅读习惯与风尚。为此，评聘阅读形象大使并非一拍脑袋的事，也需要策略与系统工程，也需要建立品牌效应。在品牌建设中，关于选用符合阅读推广定位的人，最大限度发挥形象大使的峰值，规避阅读形象大使的风险等问题均值得思考。因此，要注意选择策略：阅读大使人选要与全民阅读相一致，推广传播目标区域化与大使职能细分化，个性阅读活动周期与大使作用发挥等，塑造区域化全民阅读大使品牌，让阅读形象大使品牌及其推广传播的阅读活动家喻户晓，妇孺皆知。进而打造"书香之家"、打响"书香中国"。如朱永新、白岩松等已成为全民阅读形象大使的品牌。

（四）效果评价机制

为进一步规范和完善阅读形象大使的选聘工作，掌握该项工作的开展状况，准确把握工作现状及存在问题，更好地了解阅读形象大使的工作需求和遇到的困难，应建立一套科学、系统、有效的评估体系，对全民阅读形象大使选聘整体效果进行评价和诊断。评估形式多种多样，这里所指评估体系主要包括三个方面。策划评估，是指策划整体方案是否合理，选聘目标及数量等；执行评估，是指选聘人选资源、过程、宣传、记录以及开展活动等；结果评估，是指目标完成度、活动影响以及活动的创新性和持续性等。无论如何开展评估，都应在"量化"考核基础上，更注重"质性"评价；在强调选聘功能时，更注重"改进与激励"功能；在关注结果评价时，不可忽略过程评价。通过评估，促进阅读活动的开展，促进形象大使推广水平的提高，促进全民阅读活动的深入发展。

（五）激励促进机制

全民阅读形象大使的工作也需要激励：①政策激励：主要是国家政府从全民阅读发展战略、政策取向、文化资源配置、文化惠民工程投入等，支持全民阅读形象大使开展活动。②物质激励：是指使受激励者获得物质奖励来调动其主动性、积极性和创造性，激发其参与阅读或从事推动阅读的动机。③精神激励：即内在的无形激励，是从满足人的精神方面的需要出发，对人的心理施加一定的影响，从而产生影响力、激发力而改变人的行为。④竞赛激励：竞赛激励即竞争激励，竞争本身就是一种激励。通过各种竞赛来激励积极性是一种比较好的途径，对于推动全民阅读作用很大。⑤舆论激励：是指依据社会公德和职业道德规范，广泛营造舆论氛围，使被激励者产生荣誉感和责任心的激励方法。⑥目标激励：是指通过制定适合的阅读推广目标，诱发人的阅读动机和阅读欲望，达到积极参与阅读的目的。如 2013 年中国上海国际童书展阅读推广形象大使，被组委会授予荣誉证书，优秀参与奖奖励价值 500 元的童书，积极参与奖奖励价值 300 元的童书[10]。

不可否认，全民阅读工程中有些项目过程会很热闹，效果多半会很"淡白"。阅读形象大使也不例外，高调的发（接）下聘书，却少见其实质性的行动。中国的幅员辽阔，各级部门聘请的阅读形象大使，就是在各地播下的阅读火种，希望形象大使们在拉动各地阅读氛围和文化建设发挥重要作用，千万不能让阅读形象大使成为一个空洞的"符号"，一个所谓的阅读"秀"。一旦成为全民阅读形象大使（代言人），就应站在中国阅读推广的精神之巅，怀着激情行走在阅读推广的道路上，以其推广阅读的行动唤起民众对于阅读的关注和热情，引领更多的人走近阅读，走向人类的精神家园。读书容易，全民读书难。如何让老百姓都参与阅读，人人爱读书，家家飘书香，并非一蹴而就，它是一项持久性文化建设工程。因此，全民阅读需要朱永新式的形象大使，如此公益阅读形象大使越多越好，有利于"倡导全民阅读，建设书香社会"。

参考文献：

[1] 互动百科．形象大使[EB/OL]．[2015 – 06 – 02]．http://www. baike. comwiki% E5% BD% A2% E8% B1% A1% E5% A4% A7% E4% BD% BF.

[2] 每日邮报．兰帕德担任英国读写基金会形象大使[EB/OL]．[2015 – 06 – 02]．http:// voice. hupu. com/soccer/1862033. html.

[3] 中国作家网．第九次全国国民阅读调查结果公布[EB/OL]．[2015 – 06 – 02]．http:// www. chinawriter. com. cn/news/2012/2012 – 04 – 20/124884. html.

[4] 新浪江苏．"凤凰少年阅读之家"阅读形象大使授牌仪式在宁举行[EB/OL]．[2015 – 06 – 02]．http://jiangsu. sina. com. cn/news/life/2013 – 05 – 05/110753223. html.

[5] 喻艳莉．企业品牌形象代言人的选择策略分析[J]．价值工程,2014(36):315 – 316.

[6] 苏荣．兴读书之风 做学习表率[J]．求是,2010(13):38 – 40.

[7] 王佳欣．全民阅读是实现中国梦重要途径[EB/OL]．[2015 – 06 – 02]．http://news. xinhuanet. com/newmedia/2013 – 04/19/c_124603863. htm.

[8] 尹力．北京首届阅读季启动 毕淑敏白岩松等担纲形象大使[EB/OL]．[2015 – 06 –

02]. http://www. chinanews. com/cul/2011/04 – 12/2967091. shtml.

[9] 新华网. 北京阅读季评选推出"十大金牌阅读推广人"[EB/OL]. [2015 – 06 – 02]. http://news. xinhuanet. combook2014 – 11/19/c_127228132. htm.

[10] 首届上海国际童书展将评选"阅读推广形象大使"[EB/OL]. [2015 – 06 – 02]. http://www. bkpcn. com 2013/9/18.

第十章 全民阅读需要"分众阅读指导"

为了贯彻落实党中央全民阅读工程战略，在中央宣传部、文明办和新闻出版总署开展"全民阅读"活动的倡导下，相关部门及图书馆界给予阅读推广工作极大的重视。阅读推广工作若要取得成效，分众阅读指导必不可少，一方面，读者的文化层次和接受能力差异很大，另一方面，读者的阅读兴趣和阅读目标比较分散，不可能整齐划一。因此，对读者进行细分，针对不同层面、不同类别的读者进行分众阅读指导，是图书馆开展阅读推广工作的创新途径，也是促进阅读推广工作取得良好成效的重要前提。

一、"分众阅读指导"的含义

20 世纪 70 年代，美国未来学者阿尔文·托夫勒就曾预言大众传媒将沿着分众化、小众化的趋势发展；1985 年，日本研究机构"博报堂生活综合研究所"出版的《分众的诞生》一书正式提出"分众"概念，大众社会正被个别化、差异化的小型群体所取代。中国的大众传媒研究者迅速引入了此概念，将传媒新的发展阶段概括为"分众传播时代"，并以此指导平面媒体、电视媒体乃至手机等新型媒介的传播运作实践。2008 年 1 月，中国网的读书频道发布了以"2007 中国阅读：分众中的成长"为题的评论文章，总结了 2007 年度内地图书生产与消费的宏观势态和热点元素，指出内地出版业应当迎合特定群体的消费需求，打造理想的阅读消费市场，并列举出了传统经典新论、诺奖作品、玄幻小说、穿越文等畅销图书类型及其固定的"粉丝"群体，由此一个崭新的分众阅读时代诞生了。

"分众"一词最早出现在传播学领域，它是指在某一段时间内，由于有共同属性而需要相似信息的一部分受众群体[1]。这个概念包含两方面的含义。首先，受众对于信息的需求不是一成不变的，在不同的时间段内，他们的信息需求会发生一定的变化，这是分众划分的一个前提，同时也应注意到，这里所指的时间段的长短也并不固定。其次，属于同一分众内的受众需要拥有共同的属性，即性质和特点，因为相同属性的人会对事物有相似的看法，并产生相似的行为，因此，属性是分众产生和划分的另一个重要因素。

阅读指导是图书馆的基本工作之一，传统的阅读指导对于读者的划分并不十分细致，因此可以被称之为"大众阅读指导"。随着群众生活水平的提高，人们对精神食粮的需求更为迫切，并且逐渐分化，大众式的阅读指导也越来越无法适应和满足读者需求，因此，"分众阅读指导"的方式应运而生。目前，还没有学者对于"分众阅读指导"的概念进行明确的界定，根据前面提到的"分众"的含义，以及图书馆阅读指导工作的含义，我们可以把"分众阅读指导"的含义归纳为：是将阅读"大众"进行划分，根据不同的文化需求将其定位为不同的消费群体。即在某一特定时间段内，为具有相同或相近属性的读者提供的书目推荐及相关的指导服务。这一概念具有以下几层含义。其一，同一个读者可能属于不同的分众，随着时间的变化，同一读者的需求也会随之产生变化，例如一位准备购买汽车的读者，其对于汽车方面的阅读需求将会随着购车行为的结束而终结。其二，读者的属性不简单等同于阅读需求，例如一位准备购买汽车的读者和一位汽车爱好者，二者对汽车方面文献具有相近的阅读需求，但是二者并不具有相同属性。对于准备购买汽车的读者，其所需的文献是那些较为浅显的、对于购车有一定帮助的文献，而汽车爱好者所需要的则是那些较为专深的文献，二者不可相提并论。因此，分众阅读指导的关键在于精准的把握时间、准确的读者划分，二者缺一不可。

二、国内外"分众阅读指导"状况

（一）国外"分众阅读指导"的例证

1. 英国"阅读起跑线"计划

"阅读起跑线"计划是世界上第一个专为学龄前儿童提供阅读指导服务的全球性计划，从1992年开始至今，它已经成为一个由政府及私人机构赞助、由文化艺术、教育和健康三大公共服务机构负责活动展开的工作，并由一家慈善机构负责日常管理的大型计划[2]。该计划以让每一个英国儿童都能够在早期阅读中受益，并享受阅读的乐趣为基本原则，培养他们对阅读的终身爱好。"阅读起跑线"计划免费为每个儿童提供价值60英镑的资料，并根据儿童成长的实际需要，将装有不同资料的帆布包发放给适合的儿童，这些资料包有针对一岁以内婴儿的婴儿包、针对两岁半以内幼儿的高级包、针对3～4

岁儿童的百宝箱，以及针对视力障碍儿童的触摸图书包等等。此外，"阅读起跑线计划"还开展了蹒跚起步看书活动、儿歌时间等阅读活动，以提高阅读推广活动的效果。为了使"阅读起跑线"计划能够在全球推广，该计划还提供多种语言版本的免费指导资料，并在全球推广加盟式合作模式，目前，该计划已经覆盖了日本、韩国、澳大利亚、美国、意大利、波兰等多个国家和地区。

2. 美国国会图书馆的青少年阅读推广活动

美国国会图书馆不但服务于国会与政府，也免费向全社会开放，并利用自身丰富的资源积极开展阅读推广活动。国会图书馆自始至终重视对于青少年读者的阅读推广和指导工作，并在 1989 年开展了青少年读者年活动。另外，国会图书馆从 1995 年至今，每年都与"词汇之河"组织合作，共同面向 5～19 岁青少年读者开展以环保为主题的国际诗歌和艺术比赛，以帮助广大青少年读者探索本地区的自然和文化历史，进而增加其对环境和自然界的关注。近年来，国会图书馆对青少年读者阅读推广工作的力度更是有增无减，于 2009 年正式为青少年读者开辟专门的阅读空间[3]。美国图书馆界的分众阅读指导工作十分出色，尤其重视对青少年读者的分众指导阅读。

3. 日本图书馆的老年读者阅读推广活动

日本是世界闻名的老龄化社会，其老龄化社会的递增速度是世界罕见，但是日本并没有因为老龄化问题而产生消极态度，而是想方设法让老年人发挥余热，这种思潮在日本图书馆界也有所体现。在这样的背景下，针对老年读者的服务以及阅读推广工作成为了图书馆工作的重要组成部分。有调查显示，日本 60 岁以上老人中，每天都上网的超过 90%，因此日本图书馆界逐渐意识到，将互联网应用到老年读者阅读推广工作已是大势所趋，已经有公共图书馆开始于当地老年人福利机构合作，向老年读者提供计算机网络培训，以提高老年人获取信息的能力。另外，日本图书馆界还立足于满足老年读者的求知心理，为老年读者提供符合其需求的阅读指导服务[4]。日本图书馆界对老年读者的分众阅读指导工作值得学习与借鉴。

（二）国内"分众阅读指导"的做法

1. 青岛市图书馆弱势群体阅读指导服务

青岛市图书馆针对弱势群体开展了分众阅读指导服务。多年来，青岛市图书馆在为弱势群体提供阅读指导服务方面，在保留传统的服务方式与方法的同时，还积极开展了新的服务探索与创新。如充分发挥流动服务车的作用，变被动服务为主动服务；针对弱势群体的特点，举办特色讲座与培训活动；充分利用文化信息共享优势，开展共享工程走进社区、走进学校、走进劳教所、走进农民工等各种活动将知识信息送出去。通过开展多渠道服务活动，结合城市特色，打造了"驿动书香流动车"、"小小莫扎特音乐故事会"、"小贝壳快乐营地"等特色公益文化服务品牌[5]。这些特色活动的开展都是基于分众阅读指导的理念，为不同群体提供不同的阅读服务。

2. 苏州图书馆"悦读宝贝"计划

苏州图书馆于 2011 年启动了"悦读宝贝"计划，该计划专为 0~3 岁儿童提供阅读指导服务，通过鼓励家长与孩子共同阅读，分享故事和儿歌的方式，培养孩子对阅读的终身爱好[6]。该计划参照英国的"阅读起跑线"计划，向 0~3 岁婴幼儿赠送装有婴幼儿读物、《亲子阅读》指导书、阅读测量尺、《蹒跚起步来看书》宣传册等资料在内的"阅读大礼包"。同时，为了配合该计划的开展，苏州图书馆还推出了"快乐印章游戏"，邀请家长及婴幼儿共同参加，以激发婴幼儿的阅读兴趣。另外，苏州图书馆的"阅读宝贝"计划已经正式被英国"阅读起跑线"总部承认。苏州图书馆的活动必将让更多的孩子在早期阅读中受益，进一步彰显苏州这座城市的书香特色，给苏州政治、经济、社会、文化的可持续发展带来不可估量的正能量。

3. 大连西岗区图书馆的"常青树"老年读书乐园

为了适应我国逐步步入老龄化社会的现实，更好地为老年读者提供阅读指导服务，大连市西岗区图书馆很早便开始了一些颇具价值的尝试，并在 2000 年 5 月成立了"常青树"老年读书乐园，吸纳年龄在 50 岁以上、喜欢读书的老年读者参加[7]。西岗区图书馆采用多种方式积极吸引老年读者走进图书馆，如开设专门的老年读者服务窗口，增加有益于老年人身心健康的文献资源的种类和数量等，这些措施都在很大程度上扩大了"常青树"老年读者乐园的读者群。另外，西岗区图书馆还通过开展素质技能培训，为老年读者提供展示自我的舞台，组织积极向上优异健康的读书活动等方式，为老年读者提供多元化的特色服务。西岗区图书馆的努力得到了当地老年人的积极响应，记录在册的老年读者数量已经达到了上千人。

三、"分众阅读指导"的作用与意义

（一）分众阅读指导体现人本位服务理念

长时间以来，图书馆的阅读推广工作一直是以馆藏资源为核心开展的，即书本位的阅读推广。这种阅读推广和阅读指导工作模式，是以图书馆馆藏资源为基础，按照学科门类进行分类推广的。这在阅读推广工作的起始阶段起到了非常好的效果，不但全面、有效地展示了图书馆的馆藏资源，也能够在一定程度上帮助读者发现自己所喜爱的图书。但是，随着时间的推移，图书馆的工作理念也发生了转移，服务这一概念越来越多地受到了业界的重视和青睐，于是这种书本位的阅读推广和阅读指导工作模式，也逐渐与图书馆的理念相背离，其弊端也不断显现出来。分众阅读指导的工作前提是对读者进行精准分类，按照读者内在与外在属性分别开展服务，这是对图书馆人本位服务理念最好的诠释，也是图书馆阅读指导和阅读推广工作的发展方向。

（二）分众阅读指导实现资源的精准推送

传统阅读推广工作基于书本位的服务理念，因此容易忽略读者的具体需求，从而导致读者需求无法得到满足。相反，分众阅读指导需要图书馆从读者的角度出发，对读者属性进行分析，同时对读者群进行精确划分，因此，图书馆可以实现馆藏资源与阅读活动向读者进行精准推送，从而使读者需求得到满足，同时获得更好的服务体验与阅读体验。这对图书馆的工作能力和公众形象得到很好的提升，同时也有利于增加读者对于图书馆的黏性，进而促进图书馆工作的可持续发展，为图书馆其他工作的开展提供良好的基础。但是，我们也应当注意到，如果对读者属性分析不到位，对读者群划分不准确，则容易给读者带来较差的体验，起到相反的效果，因此，图书馆需要在这方面投入更多的时间和精力，以保证分众阅读指导的顺利开展。

四、阅读推广"分众阅读指导"运作

分众阅读指导的前提在于根据读者的实际情况，对目标读者群进行精确划分，由于图书馆的读者成分复杂，单一读者可以拥有不同属性，因此可以采用多种标准对读者进行划分，以满足分众阅读指导的目的。依据读者年龄对读者群进行划分，相对较为容易，是图书馆采取的主要分众形式，将成为图书馆分众阅读指导的主要方向。依据读者年龄，图书馆可将读者初步划分为少儿读者、青少年读者、成年读者以及老年读者，并根据图书馆自身能力和馆藏资源特点进行更细致划分，选择相应年龄段读者作为阅读推广工作的重点方向。除了按照年龄进行读者划分之外，图书馆还可以依据特定时间段或者按照读者其他的属性进行读者群划分，以达到精确分类的目的。

（一）面向少儿读者的分众阅读指导

针对少儿读者的阅读指导工作，无论是在学术界还是实践中一直都是图书馆界的热点问题，因此在理论成果和具体实践经验方面都有丰富积累。少儿一般被认定为 6 岁以下的儿童，即学龄前儿童与在校小学生，所以在具体的阅读指导工作中，图书馆应当把工作重点放在对少儿读者的启蒙教育方面，力求激发少儿读者的阅读兴趣，而非其他相对激进的目标。

在阅读活动空间方面，图书馆应当为广大少儿读者开辟专门的阅读空间，为少儿读者阅读指导工作提供有力的物质基础。在馆舍设计方面，少儿读者专有的阅读空间应当尽可能活泼、阳光，以便让少年儿童更愿意到图书馆来，更愿意参与到图书馆的阅读指导活动中来。另外，书架、桌椅及相关设施的设计应当充分考虑到少儿读者的身体条件，为青少年读者提供便利的阅读环境。

在文献资源建设方面，图书馆应当在充分调研的基础上，组织适当的文献资源作为阅读指导工作的资源基础。在资源组织过程中，应考虑到少儿读者的识字水平，所以应以图像类资源为主，辅以少量文字。另外，服务于少儿读者的文献，还应着重考虑材质的安全问题，优先选择那些没有任何潜在风险的材质，在对少儿读者进行启蒙教育的同时，保证其人身安全。

在阅读指导活动方面，图书馆应当开展形式更为多样、内容更为丰富的活动，以吸引少儿读者的参与，因为少儿读者对于阅读本身的认知程度不高，所以他们是否愿意参加图书馆的阅读推广活动，直接或唯一的原因就是活动是否有趣，因此对于活动形式和内容的设计十分重要。显然，图书馆在这方面的经验是相对薄弱，因此可以直接与幼儿园合作，或者邀请幼教专家参与活动的策划与设计，寻求专业人士的帮助，以规避图书馆由于经验缺失而产生的潜在风险，达到阅读推广活动的效果。另外，图书馆也应当重视家长对少儿群体的影响，儿童对于家长的依赖性很强，而且其语言、性格与行为方式的发展更容易受到家长的影响。针对这一现象，图书馆可以在阅读推广活动中融入一些亲子活动的思维方式和环节，通过家长影响力来提升少儿阅读推广活动的实际效果。

（二）面向青少年读者的分众阅读指导

青少年的年龄范围大致为 7～18 周岁，对应于我国的小学、初中、高中阶段的学生，针对这部分读者的阅读指导工作，培养其阅读兴趣、引导其养成良好的阅读习惯，应当是图书馆工作的出发点与立足点。阅读环境与条件是影响青少年读者到馆阅读的重要因素，图书馆应认识并重视这方面工作，为青少年读者开辟专门的阅读学习空间，并以青少年读者所喜爱的风格进行装饰，以提升他们对图书馆产生兴趣，并发展成一定的依赖，为阅读推广活动提供良好的基础。

除了阅读环境因素以外，优质、有效的阅读活动才是图书馆面向青少年开展阅读指导的重点内容。在阅读活动的开展过程中，图书馆不应将青少年读者视为活动末端的参与者，而是要让其参与到活动策划、组织的全过程中来。青少年普遍具有叛逆的特点，因此，相对于父母及老师的意见和建议，他们更愿意听取来自同龄人的呼声，对于父母和老师的声音，非但不愿意听取，甚至会产生反感。图书馆应当抓住青少年群体的这一特点，在阅读推广与阅读指导活动中，突出青少年群体的创作与参与。青少年参与活动创作与策划，不但能够使活动设计更贴近当代青少年的生活与爱好，更重要的是可以通过青少年之间口口相传，进而吸引更多青少年读者参与。韩国少儿与青少年图书馆举办的"13～18 岁书虫图书馆冒险"活动正是利用了青少年的这一心理特征，使得活动在青少年群体中深受好评，进而带动了更大范围的青少年读者参与其中，取得了不错的成效[8]。在获取青少年群体信任基础上，图书馆需要将正确的阅读观灌输给他们，使他们养成良好、永续的阅读习惯，这需要优秀的阅读资源和持续、有吸引力的阅读活动作为支撑，否则，青少年读者对图书馆的信任与兴趣就会降低，不利于阅读指导工作的可持续发展。

（三）面向成年读者的分众阅读指导

成年人是图书馆广大读者群众的中坚力量，也是能够将图书馆的资源转化为生产力或者其他经济价值的主要群体，因此对于这部分读者，图书馆的主要工作是帮助其找到合适的资源，并帮助他们将这些资源转化为具体的经济价值与社会价值。成年读者的阅读需求主要集中在休闲阅读和知识型阅读两个方向，其阅读目的性较强，因此，文献资源的质量将直接影响成年读者对于图书馆阅读指导、阅读推广活动的参与度。对于休闲性阅读资源的组织，图书馆可以通过豆瓣网等书评网站，及时跟踪、采购时下的热门文献，在特定的新书专架中予以展示，供读者进行选择。另一方面，对于知识型阅读所需文献，图书馆可以采用针对性较强的读者荐购方式进行文献组织，以便提高专业文献的利用率。此外，成人读者的文献需求目的性较强，因此他们对于馆舍设计方面需求相对不高，换言之，馆舍环境不足以成为影响成年读者对图书馆产生依赖的决定性因素。因此，图书馆在馆舍设计方面只需保持安静与舒适即可，并不需要投入过多精力与资源。

文献质量和阅读活动的吸引力，是成年读者阅读指导和阅读推广的重点内容，是图书馆应当重点考虑的问题。与其他年龄段的读者群相比，成年读者的构成更加复杂，主要源于受教育程度不同所导致的阅读能力的巨大差距。面对这样的问题，图书馆应当对成人读者进行更详细的划分，可以采取分级阅读指导策略开展工作。目前，我国阅读推荐最常用的方式是按照文献类别进行，如文学类、经济类、历史类读物等，这种方式可以将文献推荐给拥有共同爱好的读者，能够取得一定效果。但是这种方法忽略了公众阅读能力的差别，使阅读推广效果大打折扣。针对这一问题，英国阅读社按照 SMOG 方法（评价文本可读性的方法）对文献的可读性进行了分级，阅读社的图书分级共包含五个级别，分别为 Pre – entry（入门前）、Entry1 – 2（入门级 1 – 2）、Entry3（入门级 3）、Level1（1 级）和 Level2（2 级），以这些分级为依据，读书会为具有不同识字水平的读者推荐不同读物，并开展相应的活动[9]。

（四）面向老年读者的分众阅读指导

我国随着计划生育政策效果的显现，年轻人比例逐年下降，老龄化社会到来，未富先老的问题摆在政府和国民面前。帮助老年人老有所为、发挥余热，老有所乐、安度晚年，是政府和社会文化机构的责任，图书馆作为社会文化机构的重要组成部分，自然不能置身事外。在阅读环境的建设方面，图书馆应当努力为老年读者提供使用便利的阅读设备与辅助工具。由于老年人身体状况所决定，老年读者对于阅读环境的要求相对较高。老年读者相对行动不便，这就要求图书馆在设计相关阅读区域的时候，必须采用便于老年读者使用的设计方案，减少其使用障碍，以方便老年读者阅读文献和参与阅读活动。同时，在相关的配套设施及阅读工具方面，如花镜、放大镜等辅助工具应考虑齐备，这些辅助工具在图书馆经费消耗中所占比例几乎可以忽略不计，但是对于老年读者的帮助确实不容小视，可以大大提升老年读者的阅读体验。

在文献采集方面，需要注重老年读者的阅读兴趣与实际状况。随着年龄增长以及生活水平的不断提高，老年人越来越多关注养生保健相关知识。因此，图书馆在组织文献资源时，应当充分考虑到老年读者的需求，加大这方面内容的采购力度，以吸引更多的老年读者到图书馆来阅读。此外，对于养老以及社保政策方面的文献，图书馆也应进行一定的组织，以满足老年读者这方面的需求。另外，还需要注意的是，图书馆还应当尽量为老年读者采购大字体读本，以方便老年读者阅读。在组织阅读活动时，除了丰富多彩、健康向上的活动内容外，图书馆还可以通过移动书车等形式，让阅读活动走进老年读者相对集中的社区，为老年读者的阅读提供更多的便利。还可以大范围地向社会招募老年志愿者，让他们参与到图书馆的阅读指导工作中来。同龄人之间的共同语言与共同爱好，在很大程度上可以提升图书馆对于老年读者阅读指导工作的效果。

（五）面向弱势群体的分众阅读指导

弱势群体是指社会生产生活中由于群体的力量、权力相对较弱，因而在分配、获取社会财富时较少较难的一种社会群体，如农民工、城市失业人员等。这部分群体在我国社会构成中占有比重较大，对于这部分读者开展阅读指导活动，有助于其社会适应能力和就业几率的提升，对于消除其负面情绪、改善其生活水平、稳定社会秩序都拥有较大的作用。

首先，图书馆应当通过大力宣传和实际行动，帮助弱势群体消除自卑情绪，这是达到阅读推广效果的前提。图书馆应当加大宣传力度，让更多弱势群体人员认识图书馆的重要性，帮助他们把图书馆视为其就业培训的基地，并向弱势群体表明图书馆的立场，主动热情地向其伸出欢迎、援助之手，减少他们对图书馆的神秘感，进而使弱势群体读者对图书馆产生较强的信赖与归属感。同时，相关主管部门也应当参与其中，在宣传途径和力度方面给予图书馆应有的保障，以达到宣传效果。

其次，满足弱势群体文化需求的同时，应注重技能培训及就业方面文献的提供。有调查显示，农民工较为集中的城市公共图书馆，武侠小说类的文献借阅量相对较大。因此，面向弱势群体开展阅读推广工作时，图书馆可以将馆内相关文献数据进行整理，推荐给这部分读者，满足其基本的休闲阅读需求。与此同时，图书馆还应组织能够切实提高弱势群体就业能力的资源与培训活动，帮助弱势群体读者获得更多的就业机会。图书馆可以邀请相关领域的专家或资深从业者参与这类活动，以提高活动的品质和实效，另一方面，图书馆还可以与当地劳动力市场等单位合作，不定期在图书馆开展招聘会，以方便弱势群体读者获取劳动机会，这不但对于弱势群体、用人单位有益，还能提高图书馆在社会中的影响力和地位，同时加强图书馆与弱势群体读者的吸引力，可谓一举多得。

（六）面向残障读者的分众阅读指导

残障人士属于弱势群体中的一部分，由于其与其他弱势群体存在较大差别，因此图书馆应当予以区别对待。在生活水平、自卑心态与社会参与度方面，残障读者与其他弱势群体读者并无太大区别，因此在具体工作中，图书馆依旧可以采取相同或相似的方法帮助残障读者提升自信心，并鼓励残障读者积极参与各类社会活动，融入社会。

图书馆应当针对残障人士自身缺陷问题，在基础设施、文献资源方面做出更多努力，以便于残障读者对于图书馆的利用。首先，在基础设施方面，图书馆应当积极主动的提供相关设备，或者对图书馆进行改造，包括轮椅专用坡道、盲道、盲文指示标志、残障人士专用阅读空间及卫生间等。这些基础设施的改造和提供，不但为残障人士扫清了利用图书馆的障碍，也能够帮助残障人士体会到社会的关爱。其次，在文献资源建设方面，图书馆应当组织更多形式的文献资源供残障读者利用。对于具有视觉和听觉障碍的读者，图书馆应当重点组织一些质量较高的盲文图书和试听资源，可以采用读者荐购的方式予以采购，在提高资源利用率的同时可以降低资源采购成本。最后，在阅读活动方面，图书馆应当满足读者需求和体现社会关爱两个方面着手，向残障读者提供适合的、优质的阅读指导服务。

（七）以具体事件为契机的分众阅读指导

以具体事件为契机的分众阅读指导，是以具体事件为依据，面向具有共同兴趣爱好，或者拥有某种共同关注点的读者提供的阅读指导服务。与前面提到的几种分众形式不同的是，这种以具体事件为契机的分众阅读指导，更多的是以读者的内在属性作为依据对读者进行划分。表面上看，这种对内在属性进行分众的方式很难把握，但实际操作过程中，图书馆并不需要对读者兴趣、爱好、关注点这样的内在属性进行分析，只需要对时下正在发生的具体事件、节庆等时间节点进行准确把握，组织与这些事件和时间节点相关的文献进行推广和指导即可。与此同时，图书馆还应当对推广和指导活动进行大力宣传，使大多数具有共同内在属性的读者知道活动的具体时间和活动方式，争取他们的积极参与。

在文献组织方面，以时下具体事件为依据的文献组织，具有较高的不确定性和突发性，这要求图书馆具有快速反应的能力，也对图书馆的文献保障提出了较高的要求。例如莫言在2014年获得诺贝尔文学奖时，图书馆就可以将莫言的作品、评价莫言以及莫言作品的文献进行展出和推荐，只要图书馆的宣传工作得力，那么喜欢这类文献即拥有这类共同属性的读者便会主动参与到本次阅读推广活动中来。从文献的角度看，图书馆有关这类作品的数量与质量是这次活动成功与否的重要因素。相对而言，以节庆、纪念日等时间节点为切入点的阅读推广和阅读指导活动，则更易于开展。主要原因在于这类阅读推广活动具有明显的周期性，这也使得活动和文献具有很高的可重复性，因此降低了工作难度。清华大学图书馆的阅读推广活动主题当中，有相当一部分是针对我国的某些节庆日和纪念日开展的，且这些活动主题和相关的文献资源可以重复利用，在很大程度上降低了工作开展的难度。同时，清华大学图书馆的阅读推广人员将节省下来的时间与精力投入到文献的筛选工作中，以求最大限度地保证文献的质量，进而保证了阅读推广活动的效果。

分众阅读指导是图书馆阅读指导服务的发展方向，同时也是全民读者需求的集中体现。近年，国家新闻出版广电总局力推，各地扎实推进的全民阅读进家庭、进社区、进学校、进军营、进机关、进企业、进农村的"七进"活动，实际上就具有分众阅读指导的深刻意义，并且效果十分显著。但是应当注意，分众阅读指导工作的开展并不简单，需要图书馆在读者划分阶段投入相当多的时间与精力，才能够使分众阅读指导工作取得预期的服务效果，否则，只会对图书馆的形象和读者的体验产生负面影响，不利于图书馆后续和其他工作的开展。另一方面，分众阅读指导还需要可持续发展的保障。分众阅读指导的优势毋庸置疑，但是其难度相对于传统阅读指导也是显而易见的，如果没有相应的保障措施，分众阅读指导可能仅仅会是昙花一现，因此，图书馆界和全民阅读活动相关部门应当制定相应的监督保障机制，以保证分众阅读指导能促进全民阅读事业均衡协调发展。

参考文献：

[1]　赵冠闻.论分众传播的产生和发展[D].长春:吉林大学,2007.

［2］ 陈永娴.阅读,从娃娃抓起——英国"阅读起跑线"(Bookstart)计划［J］.图书馆理论与实践,2008(1):101－104.

［3］ 郎杰斌,吴蜀红.美国国会图书馆阅读推广活动考察分析［J］.图书与情报,2011(5):40－45.

［4］ 范军.国外公共图书馆老年读者服务的经验与启示——以美国、日本为例［J］.图书馆学研究,2012(16):95－98.

［5］ 曹艳芳.青岛市图书馆阅读指导工作探索与实践［J］.图书情报工作,2013(S2):180－181.

［6］ 佚名.阅读宝贝计划［EB/OL］.［2015－06－29］.http://www.szlib.comydbbDefault.as-px.

［7］ 齐秀兰.谈谈区级图书馆如何为老年读者服务——从西岗区图书馆开展"常青树"老年读书乐园活动谈起［J］.图书馆学刊,2002(2):55.

［8］ 宋辰.韩国国立儿童青少年图书馆阅读推广活动及启示［J］.新世纪图书馆,2015(4):78－81.

［9］ 马璪,赵俊玲.英国阅读社成人阅读活动的特点及启示［J］.河北大学成人教育学院学报,2012(1):108－110.

第十一章　真人图书馆：农家书屋
创新服务之佳选

2000 年，Living Library 在丹麦诞生，从开始的 Living Library 到 2010 年更改为 Human Library，至今已经历 15 年之久，得到各国的重视并飞速流传蔓延。2008 年，美籍华裔图书馆学家曾蕾教授首次将这种服务方式传入中国[1]，中国将 Human Library 翻译为"真人图书馆"，并在一些高校图书馆、公共图书馆和社会组织中得到推广应用[2]。同时，图书馆学界也开始对真人图书馆进行研究。然而，对于农家书屋与真人图书馆服务的研究寥寥无几，对此，本文基于辽宁省农家书屋运行现状的调查，发现目前农家书屋的运行情况普遍存在问题和缺少活力，并对真人图书馆方式是否适用于农家书屋进行调研分析，揭示出真人图书馆对于农家书屋具有重要意义，值得运行与推广，应策划应用到最需要的农民中去，进而提出具体的操作策略，为农家书屋服务的延伸与创新提供参考。

一、农家书屋活动现状及存在问题

（一）农家书屋运行情况调查

为了更好地推动农家书屋服务工作的创新发展，探讨"真人图书馆"模式是否适用于农家书屋，笔者以辽宁本省农家书屋运作情况为例，对本省农家书屋惠民工程现阶段的运行和利用情况展开了调查。辽宁省为了贯彻国务院关于《关于进一步加强农村文化建设的意见》和《关于加强农家书屋管理的意见》精神，于 2010 年全面完成了农家书屋建设任务，使全省 14 个市 11 762 个行政村全部建立了农家书屋，率先实现村村都有农家书屋的工作目标，解决了农民"买书难、借书难、看书难"的实际问题[3]。笔者通过对农家书屋主管部门了解调查、发放调查表、对部分行政村实地走访、网络资料查询、电话专访等形式，对沈阳市、锦州市、朝阳市、丹东市、营口市、阜新市、抚顺市、鞍山市、铁岭市、绥中县等农家书屋运行状况进行调研。总计调查农家书屋 7 437 个，调研内容涉及：后续经费问题、管理人员情况、文献资源建设、网络资源建设、受众群体、服务模式等书屋运行现状。调查结果不容乐观。

（二）农家书屋运行存在的问题

目前农家书屋运行和利用无论在经费投入、资源建设，还是管理服务、农民读书受益等方面都存在各式各样的问题：①农家书屋软硬件设备不达标。一些农家书屋没有固定馆舍，大多设在村委会会议室或者将村部划出一部分做书屋，且可利用面积很小，可供阅读的时间有限，成了应付政策的摆设。②书屋管理员几乎全是兼职。多数书屋管理员由村支书、村主任、文化站站长、村妇女主任、村会计、村治保主任等兼职管理，他们管理书屋是兼职捎带，且服务形式单一。③书屋的开放时间不能保证。大多书屋经常无人，无法保证每天固定的开放阅读服务时间，农忙时节，更是一关了之，书屋工程效益难以显现。④图书少而陈旧、受众面很小。农家书屋的文献品种单一、数量少且陈旧过时，对欲想阅读的人缺乏吸引力。而有97％的借阅人群集中在退休村干部、退休教师、种养殖户等，受众面很有限。⑤缺少计算机和数据库设施。农村书屋的计算机网络建设还相当滞后，只有少部分农家书屋有计算机和网络，绝大部分仍实行手工操作，计算机和互联网设施基本没有，缺乏数据库资源。⑥政府经费投入不足书屋难以维系。现阶段政府的财政投入是维系农家书屋的主要经济来源，部分书屋由于没有后续资金来源已经处于停滞状态，直接影响农家书屋的生存和发展。⑦农村书屋少有社会基金捐助。依靠社会力量扶持助推农村全民阅读活动不失为一种良策，但事实上鲜有企业和富商等社会团体和个人的资金捐助。

（三）农家书屋开展"真人图书馆"的必要性

中国政府专项投入建设的农家书屋惠民工程，有的地区阅读服务工作开展得有声有色，农民确实在文化教育方面受益匪浅。通过调查窥斑知豹，确实有不少地区农家书屋形同虚设，其服务形式与内容缺乏创新和活力，村民阅读热情不高，使用效益和持续发展状况令人担忧。农家书屋建设是中国全民阅读工程的重要组成部分，国家曾经进行大笔专项投入的惠民工程，岂能被困难障碍至奄奄一息！迫切需要一种全新的服务模式吸引村民读者积极利用，让农家书屋换发生机和活力，"真人图书馆"的服务方式是最佳选择，最值得尝试和采纳。真人图书馆的"阅读"形式新颖，特点是"以人为书"，在"人与书"的交流中实现阅读，更适合在农家书屋中广泛开展与传播。因此，农家书屋创新开展真人图书馆十分必要，真人图书馆恰恰为农家书屋的服务创新提供了新契机。

二、农家书屋"真人图书馆"的特点与意义

（一）农家书屋"真人图书馆"的特点

农家书屋"真人图书馆"活动相比传统的阅读服务具有许多特点，它不仅是由优秀的"真人书"代替传统的纸质书，在服务方式上也是一种延伸和创新，而且更能使参与活动的村民读者大大受益。①减少偏见，促进理解。真人图书馆的初衷是消除偏见、减少隔阂、促进理解的理念，不仅是在与活人书的跨界交流、平等对话中让读者获取知识，也是为了通过沟通来达到相互理解而拉近人与人之间的距离，消除不同群体之间的歧视，增强人们之间的和谐，让社会走向包容、平等和开放。②沟通灵活，交流轻松。真人图书馆活动通过真人书面对面的交流来实现读人，借阅可以是一对一的有问有答双向交流，也可是一对多的活人书自述，读书过程只需惬意聆听，轻松方便，且充满感染力和说服力。阅读方式的创新可激发读者的共鸣和求知欲，争取和扩大读者的阅读。③声情并茂，效果扎实。真人图书的阅读是读者面对"人书"的"零距离阅读"，期间充满倾听、提问、对话、友谊等互动，阅读内容更贴近时代主题和读者需求，解决问题，印象深刻，增强了读者的信任度和安全感，效果扎实，具有超强的吸引力和感召力。是纸质图书不可能获得的感受。④行为亲和，服务人性化。真人图书的群体是有着特殊职业、非凡经历、广泛兴趣、领先观念而涵盖各行各业的精英人士，他们以真人图书的身份出现，其行为举止会涵养亲和，传播信息充满正能量，服务人性化，让缺少知识来源和话语机会的农民畅所欲言的发声研讨[4]。真人图书馆的活动无疑会为解决农民的科学种田、养殖致富、道德素养提升、子女教育、文化生活丰富、相亲邻里和谐等带来莫大的效益。

（二）农家书屋"真人图书馆"的重要意义

在全民阅读工程广泛深入发展的进程中，在农家书屋运行状态不佳的时刻，将真人图书馆模式搬到农村，其重要意义不言而喻。

1. 解决文盲农民阅读难题

中国是拥有九亿农民的大国，实施全民阅读工程的重点和难点都在农村和农民。联合国教科文组织的一份报告称，中国的成人文盲人数在全世界文盲率位列第八[5]。有关部门的最新统计显示，我国15周岁以上的成人文盲人数高达1亿人左右，大约90%聚积在农村[6]。真人图书馆活动可以解决农民不识字就不能学习阅读的难题，通过真人知识传授让文盲农民也能增长知识、开阔视野。

2. 真人读者双向认知共赢

真人书可以与读者实现互动交流，双方之间自然建立了相互尊重、相互交流的一种友谊。在农民读者阅读真人书的同时，他们也可以阅读农民，为农民服务的同时，也可以从农民中收获信息，进而弥补知识存量不足并提升知识质量。例如法学专家获取农民的法律需求而确定法律援助的研究目标，养殖专家获取农民在养殖中的经验教训进而明确了科研结论等。真人书在让农民受益的同时，自己也收获了农村社会调查的资料，成为一种双向认知均得到提高的双赢战略[4]。

3. 推动农村阅读活动延伸

农家书屋开展"真人图书馆"服务活动意义重大。一方面助推了农家书屋阅读活动的延伸与创新，使农家书屋的服务工作起死回生。另一方面经常开展真人图书馆活动，不仅使村民读者在文化知识方面受益，更能抵制农民闲暇时间如赌博等负能量的侵浸，提升农民阶层的文化素养，促进农村社会的文明与和谐发展。

4. 实现全民阅读公益惠民

农家书屋举办"真人图书馆"是全民阅读公益惠民工程的活动形式之一，因此它强调公益性。所有充当真人图书的人均为不拿任何报酬的志愿奉献者，所有参与阅读活动的村民全体免费，这对于经济基础较弱的农民来说具有很大的吸引力。一来可以确保阅读活动的客观性及内容的公正性，引导农民树立正确的价值观和积极向上的进取精神，同时让农民这个弱势群体真正享用了国家的文化惠民待遇，感受到中华民族大家庭的温暖。

三、农家书屋"真人图书馆"运作策略

（一）更新理念，服务创新

真人图书馆除了高校以外，在一般地区还未形成普遍开展的局面，尤其是农家书屋甚至连真人图书馆是什么都不了解，因此需要农村相关部门和农家书屋管理者提高认识、更新观念、广泛宣传、引导实践和创新服务。①由区域性相关管理部门牵头负责真人图书馆的组织协调和协作机制，倡导农家书屋开展真人图书馆活动。②通过广播电视、宣传车、会议、农民赶集等形式广泛宣传真人图书及其作用与阅读方式。③由地区真人图书馆协调机构与农家书屋负责人共同策划邀请和招募真人图书的目标来源。④建立本地区的真人图书馆网站，快速报道传播本地真人图书馆活动内容及活动后的效果。⑤加强协调本地区内不同图书馆或农家书屋开展真人图书活动的交流与示范推广。⑥实现真人图书馆网络化，搭建农家书屋真人图书网络平台作为现场活动形式的补充[7]。农家书屋真人图书馆活动必须由区域主管部门负责人挂帅主抓，带领农家书屋开展真人图书服务的新模式。

（二）真人图书，目标来源

农家书屋开展真人图书馆活动的真人图书目标来源问题十分重要。应结合农民读者的需求现状，有针对性的围绕农村科学种田、农民致富、人生励志、道德素养、提高农村教育和丰富农村文化生活等方面的真人阅读活动，旨在传播新思想、新技能和正能量。真人图书的征集目标来源应邀请具有独特人生经历和丰富经验的嘉宾作为"真人书"，其征集目标主要围绕：①社会名人和各行业精英；②拥有充沛生命经验和独特人生经历者；③真人图书的自愿奉献者；④全民读书联合会的义工；⑤高校在读各科优秀大学生；⑥离退休干部或教师等主要目标。真人图书涵盖种植养殖专家、历史学者、心理学家、法律工作者、作家、公务员、大学生、文体工作者、媒体人、企业经理、小店老板等等[8]，只要能传播正能量、愿意奉献者均可作为"真人图书"采集，建成真人图书馆，分期分批的供村民们阅读，让村民们有与嘉宾面对面的交流机会并建立友谊，从中了解地方文化建设或口述历史，学习科学种田的理念和技巧，分享真人书的特别体验和宝贵经历，开阔视野和启发觉悟与智慧，进而消除偏见、分享知识和缩小城乡数字鸿沟。

（三）多种手段，广泛招募

农家书屋的"真人书"采集途径是广泛多元的，对真人图书的要求不必太苛刻，只要是符合读者的需要，积极传播正能量的真人书都可以利用，其方式主要有：①慕名邀请：通过直接或间接等方式向社会各界知名者发出邀请，分享他们的经验和感悟。②宣传招聘：通过媒介发出真人图书志愿者招募信息，公布征集条件，对报名者进行筛选确定。③毛遂自荐：有条件有兴趣成为真人图书的志愿者自我推荐，说明自身条件和传播目标。④推荐他人：在您身边有符合条件的人选，可通过电话、微博、志愿者协会等方式介绍并推荐。⑤学生实践：积极接纳高校的本地或异地大学生开展社会实践，吸引他们来做家乡的真人图书。⑥资源共享：地区间图书馆或农家书屋已储备的真人图书资源开展流动服务，实现合作共享。无论各种来源，均对年龄、性别、教育水平、民族等条件不应有限制，但应要求具备工作经验、兴趣爱好、观察视角、特殊职业、独特故事等条件之一，同时要拥有充沛的精力和生命经验并乐于公益奉献的志愿者，经过报名、面试和筛选才能确认成为一本"真人书"采进。

（四）精心组织，注重效果

农家书屋在组织开展真人图书馆工作前应做好相关准备工作。真人图书馆活动策划的好坏，直接影响村民的阅读态度和效果，因此要精心组织，注重效果。①按照本地区的经济与文化特点、受众群体状况和重点需求等有针对性地策划活动。②根据农民读者的需求目标，开展有针对性的单独借阅与定期一对多的讲座式真人阅读相结合。③确定主题，选择精英，双方都要对本次阅读有清晰的了解和初步准备，最大限度地发挥真人图书的效用。④农家书屋的真人图书馆活动应注重总结实践经验，以便与本地区内的其他农家书屋资源共享。⑤农家书屋真人图书馆活动应注重与媒体的联系，将会有专业的媒体人全程提供帮助和服务，保障活动的顺利进行。积极发挥真人图书的效用，构建农家书屋新的服务模式。

（五）加强管理，爱护图书

为实现真人图书馆的持续发展，必须对真人图书资源进行系统的管理。因为真人图书馆的服务时间和可供借阅的真人图书时间均有限，难能保证所有读者借阅与交流的满意效果，因此要加强管理。①要充分宣传真人图书馆的优势与特征，声明真人图书没有报酬，读者借阅免费。②开展借阅时，要向读者介绍真人图书的阅读规则，详细地讲解活动流程和注意事项。③真人图书和阅读者双方必须端正各自的阅读态度，传授和阅读每一本书必须保持基本的尊重和自洁心理。④要求读者在阅读交流过程中要学会倾听，平等沟通，不得出言伤害真人图书，真人图书有权停止交流。⑤农家书屋在征得双方同意的前提下，可记录读者阅读真人图书及交流过程的资料，构建真人图书资源库，使这种稀缺资源得以共享[9]。

（六）服务回访，总结评估

对农家书屋的真人图书馆开展评估，是提升农家书屋真人图书馆服务功能和服务水平的必要手段。①农家书屋对开展的每次真人图书馆活动都应保留记录、录音或视频等资料，留作评估的依据。②可以采取回访读者和真人图书的途径，了解双方各自在阅读过程中的感受、想法和建议，便于修正存在的问题。③通过评估可以促进不同的真人图书馆活动举办者扬长避短、取长补短、优势互补。④举办者对多个读者反映效果不佳、缺乏亲和力的真人图书，要根据评估情况实行淘汰制。通过评估可以达到提升农家书屋真人图书馆服务水平，提高农村读者阅读积极性的目的，凸显农家书屋创新服务的价值[4]。

（七）摒弃功利，坚持常态

真人图书馆是一种独特的知识共享手段与新型的人际沟通方式，它要求必须破除旧的观念和习惯，坚持公益性原则，向农村社会输送正能量。①破除旧的观念和习惯，构建农村社会的新型文化传播模式，培养农民读者的新式生活习惯，引导他们客观地阅读和领悟每一本真人图书，从书中汲取科学的技能和高尚的精神，同时读者具有的质朴观念也会影响到图书真人，使其得到提升进而更加完美可读。②坚持公益性原则，无论是主办方、参与者、真人图书或阅读人，必须摒弃一切功利化的心理，唾弃经济利益的企图；履行一种公益文化的职责，营造的是社会书香。③向社会输送正能量，真人图书是自由的，但他不是任性的，主办者必须对真人图书进行较好的培训和掌控，不允许那些低级趣味的真人书坑害农民读者，亵渎这一新生阅读模式。同时"真人图书馆"与"真人图书"都必须摒弃功利主义和商业诱惑的干扰，坚持公益文化事业的常态[10]。

四、构建农家书屋的新型服务模式

农家书屋真人图书馆活动的主要目的，是在公平和互相尊重的原则下，促进不同社会领域、不同文化背景人们之间的跨界交流，构建新型延伸服务模式，提升农家书屋的服务功能和服务水平。农家书屋真人图书馆活动强调公益性，但在多数农村山高路远、文化落后、条件简陋的状况下招募到合适的真人书，确保"真人书"志愿者能坚持长期持续奉献，是困扰真人图书馆活动的棘手问题。鉴于这些困难，需要加强区域内不同组织间的合作，需要社会多方合力给予扶持，尤其是公共图书馆的合作支持责无旁贷，高校图书馆服务农村义不容辞，社会各界伸出援手，将农村真人图书馆作为农家书屋大工程的一项子工程来建设，从劝导农民"读书"到引领农民"读人"，更好地发挥农家书屋阅读服务的作用，以此营造农村的健康生存环境，也将是城乡未来交融之旅最重要的资本。

另外，数字化和信息化共享平台建设是农家书屋建设升级和与时俱进发展所必须，是不断满足广大农民文化教育与科学技术需求所必须，是更好地贯彻落实党和政府文化惠民工程战略所必须，有条件的要上，没有条件创造条件也要上。新媒体时代运用物联网技术和思维，创新农家书屋的服务方式还有很长的路要走。希望地方相关领导，与其早晚必须做的事情，不如积极进取，在思想上引起足够重视，以高度的使命感和责任感去做好这项工作，使农家书屋信息化大工程建设真正落到实处。

参考文献：

[1]　柯丹倩,吴跃伟. Living Library 组织模式与核心理念对图书馆创新的启示[J]. 图书馆建设,2012(4):58 – 61.

[2]　唐野琛. 我国真人图书馆发展现状、问题及对策研究[J]. 图书馆建设,2013(1):45 – 48.

[3]　毕玉才,刘勇. 辽宁2.3亿建设农家书屋[EB/OL]. [2015 – 03 – 02]. http://edu. gmw. cn/2011 – 01/11/content_1534176. htm.

[4]　梁秀玉,罗昌娴."真人图书馆"推动农家书屋可持续发展的研究[J]. 兰台世界,2013(10)129 – 130.

[5]　百度快照. 截止2011年底,我国的文盲和半文盲人数大约占世界文盲和半文盲总人数的 % [EB/OL]. [2015 – 03 – 02]. http://zuoye. baidu. com/question/dcd3d022b2dc

117d791f519954099f04. html.

[6]　搜狐教育. 资料:中国文盲90%在农村 一半在西部7 成为女性[EB/OL].[2015-03-02]. http://learning. sohu. com/20050720/n226383966. shtml.

[7]　边国尧. 加拿大" 真人图书馆日" 活动介绍及启示[J]. 国家图书馆学刊,2013(5):92-97.

[8]　于海江,张春宁. 走近"真人图书"双向交流感悟多彩人生[EB/OL].[2015-03-02]. http://www. dongbeiya. org/ShowArticle. aspx? ID=6407.

[9]　刘敏,张颖,林琳. 基于真人图书馆的农家书屋服务新模式探讨[J]. 图书馆理论与实践,2014(7):59-62.

[10]　谢素军. 真人图书馆:期待一场凤凰式涅槃[N]. 中国出版传媒商报,2014-04-29(16)版.

第十二章 辽宁省全民阅读工程优化推进策略

开展"全民阅读"活动，是中央宣传部、中央文明办和新闻出版总署贯彻落实党的十六大关于建设学习型社会要求的一项重要举措。自 2006 年开展以来，全民阅读活动在全国各地蓬勃发展，活动规模不断扩大，内容不断充实，方式不断创新，影响日益扩大。辽宁省的全民阅读活动起步相对较晚，2012 年才走向深入，借读书节为载体向全省居民发出"月读一本书、日读一小时"的倡议，以培养人们的阅读习惯、激发人们的阅读热情[1]。在推行全民阅读的过程中，出现了诸如领导体制不科学、政策法规不完善、财政投入缺乏可持续性等问题，使辽宁省全民阅读活动受到一定客观因素的影响，导致活动开展状况相对落后。因此对于探讨如何制订一套相对完备、科学、优化的治理策略，促进全民阅读活动迅推广开来显得尤为重要。

一、辽宁省全民阅读工程的定位

辽宁省全民阅读工程起步较晚，从 2012 年才开始推出，每年 4、5 份都会以读书节为载体开展全民阅读活动。2012 年 4 月 23 日，以"阅读、进步、和谐"为主题的辽宁省首届全民读书节拉开帷幕，组织开展了重点图书"七进"（即进机关、进社区、进乡村、进学校、进企业、进工地、进家庭）等十项主要活动，在开幕式上，辽宁出版集团有限公司和沈阳出版发行集团分别向农家书屋和社区图书室捐赠了价值 100 万元的图书。2013 年 4 月 23 日，辽宁省第二届全民读书节在沈阳市于洪区大兴街道瑞金社区拉开帷幕，本次全民读书节活动的主题是"全民阅读，美丽辽宁"，当天，由辽宁出版集团有限公司捐建的我省首家城市社区书屋落户瑞金社区，以"阅读·提升·和谐"为主题的第五届沈阳全民读书月活动正式启动[2]。2014 年 4 月 23 日，以"弘扬辽宁精神·推动全民阅读"为主题的辽宁省第三届全民读书节启动仪式在沈阳举行，通过网络、手机等新媒体为广大读者提供及时、丰富、专业、权威的阅读资讯，由省全民读书节活动组委会创建设立的首家读书网站"辽宁读书网"和"阅读辽宁"微信公共帐号于当天正式开通启用。

根据辽宁省居民阅读状况调查数据显示，2012年辽宁省居民的综合阅读率为75.7%，略低于全国总体水平。全民读书节活动组委会办公室主任丁宗皓介绍说，目前辽宁省居民综合阅读力低于全国平均水平20个百分点，存在读报多、读书少的现象，还需进一步创造更多更好的读书条件，引导广大居民阅读[3]。由此可见，在领导层面已经开始重视全民阅读工程的建设、推广，虽然开始时间相对于其他省份或地区较为滞后，但是通过多方面的学习、借鉴，可以尽量缩短差距，少走弯路，通过品牌的建设来快速、有效提升全民阅读的总体水平，营造全民阅读的氛围。

二、优化辽宁全民阅读工程的必要

辽宁省国民阅读能力总体水平较低，相对于其他省份较为落后，基本没有阅读品牌效应，已经影响了国家倡导的全民阅读工程的总体进度和国民素质的提升，有必要通过各种手段或策略优化辽宁的全民阅读工程，最终通过这种软实力的提升振兴辽宁区域经济的文化根基，提高辽宁人民的整体素质。

(一) 发扬老工业基地文化传统

辽宁作为共和国的长子，最早建成了全国的工业基地和军事基地，为新中国的工业化奠定了基础，为新中国的工业发展作出了卓越的贡献。在这期间，经过长期的历史沉淀和文化积累，形成了辽宁所特有的文化传统（精神）——天辽地宁、爱国奉献、诚信务实、创新争先[4]，这也是凝聚和激励全省人民不懈奋斗的宝贵财富，同时也是开创辽宁老工业基地全面振兴新局面的精神力量。当下，国家正在倡导全民阅读、推进全民阅读的进程，虽然辽宁省硬件条件相对于经济发达的省份或地区有一定差距，但在思想上、意识上、行动上不能落后，应该积极发扬辽宁老工业基地优秀的文化传统，助推全民阅读工程的深入开展，以此实现东北文化事业的振兴。

(二) 提高辽宁人民整体素质

辽宁地处中国东北，属于经济欠发达地区，文化软实力相对薄弱，人民受教育的程度普遍较低，全省人民整体素质稍显不高，通过全民阅读活动的推广，可以营造良好的学习、阅读氛围，最终提升辽宁人民整体的文化素质。通过政府和有关部门的倡导引导、社会力量支持、强势媒体推动、专业机构运作的机制大力营造阅读氛围。重视家庭阅读，培养阅读习惯，打造书香家庭，推动全民阅读习惯的养成。以公共图书馆为主要活动载体，高校图书馆为辅助参与载体，合理组织阅读资源，正向引导全民阅读。同时，要加强网络资源的阅读推广，开展多样性的阅读指导。通过全民阅读提升辽宁人民整体素质。

（三）体现文化改革惠民的建树

中共中央在 2011 年召开的十七届六中全会上，首次将"文化命题"作为中央全会的议题，体现了中央建设公共文化服务体系的决心，而文化改革惠民则是这一体系的重中之重。全民阅读作为文化改革惠民的一种措施和重要工程，既方便开展，受众层面广泛，又易于被百姓接受。通过对城市社区书屋和乡村农家书屋的建设，可以将优秀、实用的文献资源送到百姓手中，普及科学知识，传授科学技术，让优秀文化资源变得唾手可得，另一方面也丰富了百姓的业余文化生活，提高文化生活品味，引导建立积极向上的社会风气。全民阅读工程正是一项重大的文化惠民工程，做好这项工作不仅有利于提升本省的文化软实力，对于辽宁经济的振兴作用也十分重大。

（四）振兴辽宁经济的文化根基

自 1978 年改革开放以来，中国经济连续 35 年保持了 10% 左右的高速增长，展现出了伟大复兴的光明前景，这些成绩的取得，都源自中国文化这片深厚沃土。辽宁经济的快速和可持续发展，同样也要植根于辽宁地域的文化根基，开展全民阅读是关乎辽宁文化繁荣发展、社会文明进步的大事。通过全民阅读活动的深入开展，如书香辽宁、书香家庭、辽宁读书节、阅读推广等活动，可以提升辽宁地区人民群众的文化信息素养，夯实本土地域的人文根基，为经济的发展注入强劲的、源源不断的动力。

（五）提升辽宁文化软实力的途径

中国梦作为中国人民的共同愿景和奋斗目标，需要文化软实力来支撑，提升文化软实力是实现中国梦的重要途径，而文化软实力的全面提升，则需要各省的共同努力和全情付出。提升文化软实力的途径虽然很宽泛，可以通过旅游产业，打造区域旅游文化品牌；可以通过城市公共服务产业，塑造城市公共服务行业名片等。但是，推动全民阅读活动已纳入国家的长远发展战略，是一项写进政府工作报告的全国性重要惠民工程，推动全民阅读工作不仅不可以不搞，而且要动员全社会力量千方百计的大搞、多搞和特搞，长期开展各色阅读活动，让民众养成爱读书、读好书的阅读习惯，建立文明风尚，通过推广全民阅读，实现提升辽宁的文化软实力。

三、治理辽宁全民阅读工程的策略

全民阅读活动作为一项工程，不是一朝一夕间就能完成，需要有长效治理机制，需要制订一系列可行的策略去监管和治理，包括从理论指导到实践推进、从中央部委到地方县市、从政策制度到财政保障等，只有这样，全民阅读工程才能落到实处，具有现实意义。

（一）完善全民阅读领导机制

完善、科学、合理的领导机制能够保证全民阅读推广活动的顺利进行，并使全民形成良好的阅读习惯。通过建立卓有成效、操作性能强的领导机制，再加上科学有效的组织和明确的职责分工，并将其效果纳入领导业绩考核体系，能够保障全民阅读活动的有序开展。各级政府部门统一建立全民阅读组织领导机构，成立专门领导委员会或指定专门组织专司其事。省政府可以成立全民阅读推广办公室，由主管文化教育的副省长任办公室主任（深圳市由副市长担任），从宏观上把握全民阅读工程的实施与进展，同时监督求发展进程与活动效果，由省文化厅具体制订、落实工程的细节，并将责任具体分派到相应的文化部门，定期检查、总结下一级负责人或单位的执行情况，行成科学、有效的层级推进体系与监督反馈体系，从而在机制上保证全民阅读工程的顺利开展。

（二）制定本省全民阅读规划

辽宁省现有14个省辖市、100个县（市、区），总人口4 271万人[5]，面对这样一组数据，在制定本省全民阅读规划方案时，就要分层次、多角度推进，有所侧重的同时还不能有所疏漏。国家在推进全民阅读工程时，强调国家、省、市、县、乡、村六级联动，让每一位普通百姓也能充分享受到阅读的权利，具体到辽宁省，可以分为城市社区、近郊乡镇、偏远农村等，由所属市、县、乡、村的文化站来领导和监管，让全民阅读活动遍地开花，让全省每一个角落的居民或村民都能从中受益。如果按行业规划，可以分为政府机关、企（事）业单位、各类学校、医疗卫生等行业，由不同的行政主管部门贯彻落实全民阅读工程，保证没有遗漏。通过多维度的层次划分和逐级落实，确保全民阅读工程的广泛推进、普遍参与，让每一位省内居民都能够了解全民阅读、参与全民阅读，切实提高全民素质。

（三）加强本省政府财政投入

持续、稳定的财政投入是保证全民阅读工程有效开展的前提和基础，也直接决定着全民阅读工程的最终效果和国民素质的提升程度。因此，省政府应该确保财政上的大力支持、优先保障，并且常态化，成为常规的财政支出[6]。首先，在省内的各级图书馆（特别是省、市、区、县的公共图书馆）加强专项经费投入，并且保障专款专用，真正用于全民阅读；其次，要加强社区书屋、农村书屋的建设与投入，不断改善社区、农村的阅读条件，而且要保证后续投入，有效经营，保障资源的持续更新；最后，在各级全民阅读工程中，保障良好阅读环境的同时，注重各类阅读资源建设的多样性、及时性，除了传统的纸质资源，还要尽可能提供数字资源。

（四）进行本省全民阅读立法

全民阅读在2014年被首次写入政府工作报告，国家新闻出版广电总局表示将推动《全民阅读促进条例》的立法，但目前国家和地方政府均无正式的条例出台[7]。目前江苏省、湖北省、辽宁省和深圳市等省市已经公布全民阅读立法，其他省也在紧锣密鼓的筹备中，很快将会从法律法规方面保障公民的阅读权利。全民阅读一旦在法律轨道上运行，全民阅读活动将会变得有法可依，将起到监督政府、激励公民的作用，从立法的高度推进全民阅读工程的深入开展。鉴于此，辽宁省也适时出台全民阅读立法，对阅读资源、阅读管理、阅读服务、未成年人阅读、阅读宣传、阅读推广、阅读评估、阅读参与、阅读保障等方面在法律层面予以规范和保障，同时还应加强对省、市、区政府及相应级别公共图书馆等公共文化机构的权利和义务进行明确和规范，各类学校图书馆在条件允许的情况下也必须向社会提供相应的阅读服务。

（五）建立本省全民阅读基金

全民阅读作为一项公共文化工程，许多国家都通过设立阅读基金的方式来推动全民阅读的持续深入开展，全民阅读基金一般由国家公共财政提供资金支持，如英国1992年成立图书信托基金会，德国在1988年成立促进阅读基金会[8]。在我国，虽然中央政府和各级地方政府都在大力提倡全民阅读，并通过各种阅读节活动来吸引国民参与阅读，但由于财力有限，全民阅读工作和国外差距较大，为此，国家和地方政府可以通过基金的方式进行专项资金保障，以推动全民阅读的持续深入开展。辽宁省政府可以围绕本省的实际情况，建立多元化的全民阅读工程基金保障体系，首先，要努力争取国家用于数字化阅读建设的专项资金；其次，保证省财政对全民阅读工程建设的统一拨款投入，这样在任何情况下都可以保证全民阅读工程的正常开展；再次，要通过多种渠道吸引社会资金的注入，如福利彩票用于公益建设的部分，发挥税收取之于民用之于民的作用；最后，还可以通过社会捐赠的方式吸引资金，比如和社会责任感较强的企（事）业单位合作，还可以吸引家乡的娱乐明星、体育明星来捐助。千方百计保障全民阅读工程建设的资金支持。

（六）调动全省力量助推阅读

全民阅读工程的开展需要全省各方力量的积极参与，要调动全社会相关文化机构协同合作，明确责任与分工，各自发挥应有的作用，共同推动和推广全民阅读工程。全民阅读工程的形式不能过于单一，应该多方联合协作，开展形式多样的阅读品牌活动，比如建立出版媒体联盟、高校图书馆社会服务联盟、倡导民间读书会、成立阅读联合会、评选阅读形象大使等，通过这些活动来不断丰富全民阅读工程的内容，达到倡导阅读新风、建设书香辽宁的作用。一个人的精神发育史就是他的阅读史，一个民族的精神境界取决于这个民族的阅读水平[9]，由此可见，阅读不仅关乎个人成败，更是民族振兴的根基，因此，应将全民阅读工程上升为国家战略、全省发展战略，采取各种推动引导和优化治理手段，不断推进全民阅读活动如火如荼般开展，以此引领社会民众形成阅读风尚，养成读书习惯，进而提升全民族的文化素质，提升国家文化软实力和影响力。

四、推广阅读是建设辽宁强基固本的战略

目前，辽宁省政府及相关管理部门为提高全省人民文明素质，增强辽宁文化软实力，深入贯彻党的十八大和十八届三中、四中全会精神，培育和弘扬社会主义核心价值观，正在转变全民阅读工程建设理念和开展工作态度，改变以往起步较晚、被动开展活动和阶段性应景的工作态度，正在加强对全民阅读活动的部署与治理。如 2015 年 3 月 31 日《辽宁人民代表大会常务委员会关于促进全民阅读的决定》正式实施，它相当于辽宁省全民阅读立法，让全省阅读推广活动有法可依。又如辽宁省全民读书节组委会联合与各级文

明办会同民政、妇联负责组织协调，开展了辽宁省第四届（2015年）全民读书节"进社区"活动。必须认识到，开展和推广全民阅读活动是推动全省精神文明创建工作强基固本的路径，是助推建设辽宁文化强省的根本战略，只有对全民阅读工程高度重视、广泛推广、常抓不懈，才能引领全民阅读活动进入常态发展；只有加强活动设计、项目不断创新，才能吸引人民群众青睐阅读、不舍阅读而养成阅读习惯；只有当全省的阅读活动遍地开花、如火如荼的时候，人民的素养才能提高，社会才能和谐，辽宁文化软实力才能提升，振兴辽宁的目标才能真正实现。

参考文献：

［1］　中国全民阅读网．辽宁省首届全民读书节开幕［EB/OL］．［2014 – 07 – 02］. http://www. cnreading. org/gdyd/gddt/201205/t20120508_107631. html.

［2］　东北新闻网．辽宁省第二届全民读书节启动［EB/OL］．［2014 – 07 – 02］. http://www. ln. gov. cn/zfxx/jrln/wzxw/201304/t20130424_1093680. html.

［3］　闫晗、李克瑶．辽宁省首届全民读书节开幕［EB/OL］．［2014 – 07 – 02］. http://news. xinhuanet. com/society/2012 – 04/23/c_111829428. htm.

［4］　余兴文,陈扶宜．新时期"辽宁精神"：天辽地宁、爱国奉献、诚信务实、创新争先［EB/OL］．［2014 – 07 – 02］. http://www. kazuo. gov. cn/kzzfw/index_Article_Content. asp? fID_ArticleContent = 84

［5］　辽宁省人民政府［EB/OL］．［2014 – 07 – 02］. 东北新闻网,http://www. ln. gov. cn/zjln/lngk.

［6］　唐瑾．关于设立国家"全民阅读专项资金"的建议．世纪行,2012(3)：30、37.

［7］　林洲璐,韩文嘉．深圳将用立法保障全民阅读．人民日报海外版, 2014 – 04 – 30⑦.

［8］　朱永新．设立国家阅读基金推进全民阅读工程［EB/OL］．［2014 – 07 – 02］. http://rm-fyb. chinacourt. org/paper/html/2012 – 11/24/content_54014. htm

［9］　曾丹．全民阅读：唤回失落的纸质文明［EB/OL］．［2014 – 07 – 02］. 贵州政协报(网络版), http://www. gzzxb. com/pages/show. aspx? ID = A8C22809 – C884 – 4492 – 8772 – EC92653609AB.